LA MUJER QUE APAGÓ SU MÚSICA

Miguel Ángel Montero

LA MUJER QUE APAGÓ SU MÚSICA

AGUILAR

Papel certificado por el Forest Stewardship Council®

Primera edición: junio de 2025

© 2025, Miguel Ángel Montero
© 2025, Penguin Random House Grupo Editorial, S. A. U.
Travessera de Gràcia, 47-49. 08021 Barcelona

Printed in Spain – Impreso en España

ISBN: 978-84-03-52521-4
Depósito legal: B-6264-2025

Compuesto en Mirakel Studio, S. L. U.

Impreso en Black Print CPI Ibérica
Sant Andreu de la Barca (Barcelona)

AG 25214

A mi madre,
que compuso mis primeras notas

No se puede alcanzar la vida deseada tendido
en el sofá; si no haces nada…, nada sucede.

MIGUEL ÁNGEL MONTERO,
El hombre que tenía miedo a vivir

*Una historia inspirada
en miles de historias reales*

RUIDO

Capítulo I

Salí de la ducha con la emoción de afrontar otra abominable semana. Me envolví con la toalla y, frente al espejo, cepillé mi melena. Al levantar el brazo, la toalla se deslizó, cayendo involuntariamente al suelo, y el reflejo de mi cuerpo, desnudo, quedó expuesto ante mis ojos. Hacía mucho tiempo que no lo examinaba, y la imagen que se dejaba ver bajo el vaho del cristal me impresionó. Era más desagradable de lo que recordaba.

Mis firmes pechos de antaño se habían descolgado, en caída libre, hacia el abdomen, desafiando la elasticidad de mi piel. Con las dos manos agarré mi flotador de lorzas mientras me acercaba para apreciar su volumen con mayor precisión. Sin duda, había aumentado.

La báscula podría darme la confirmación, pero ¿realmente hacía falta? No era necesario pesarme para saber que, años atrás, apenas podía pellizcar un minúsculo pliegue.

¿En qué momento me abandoné? No conseguía acordarme de cómo empezó. Supongo que fue algo gradual, nunca dije «a partir de hoy voy a pasar de todo». Sería una evolución lenta en la que dejaría de valorarme, y el resto vendría solo: comer compulsivamente, fumar, beber y vivir en el sofá.

Al principio todavía era consciente del declive, sin embargo no lo detuve y permití que avanzara. Pensaba que era joven y poco importaba, que ya tendría tiempo para cuidarme más adelante.

Preferí eludir la evidencia y justificar mis excesos creyendo que no existía solución. Seguramente estimé que era tarde para enmendarlo y seguí haciendo lo que me dio la gana, con el pretexto de que la vida son cuatro días, hasta llegar a la penosa situación en la que, sin haberme enterado del proceso, me encontraba frente al espejo contemplando mi horrible aspecto y preguntándome en qué momento me abandoné.

Sí, creo que ocurrió de esa manera.

Me vestí con celeridad, porque una vez más iba con el tiempo justo. Cogí del armario los vaqueros azules, que se habían convertido en habituales, y la blusa negra, que era una de las pocas que todavía me servía; apretada, pero entraba.

Si desayunaba llegaría tarde, pero no podía ir a trabajar con el estómago vacío. Llené un tazón de leche, volqué sobre este el bote de cereales y le añadí un par de magdalenas, desmigándolas con los dedos. Después de engullir el cóctel, partí un pedazo de bizcocho para el camino.

Trabajaba de camarera, cocinera o lo que se terciara, en un bar próximo, a diez minutos andando, y esa caminata era todo el ejercicio que realizaba, más por la falta de aparcamiento que por voluntad propia. Parecía una travesía cercana, no obstante, cuando llegaba, antes de entrar, tenía que sentarme en el umbral del portal de al lado a reponerme. Como solía, encendí un cigarro con la ingenua creencia de que me ayudaría a aliviar el cansancio.

Era el último cigarro, y eso sí me preocupó; de nuevo tendría que comprar. Con el precio al que se había puesto el tabaco, no me podía permitir dos cajetillas diarias, tenía que reducir el consumo si quería llegar a fin de mes.

Apagué con mi pie derecho la colilla. Había llegado el peor momento del día o, mejor dicho, de la semana, porque encima era lunes. Entrar me resultaba un martirio: volver a verle la cara a mi jefe; escuchar a los clientes «perennes» que compartían mi horario; atender las mismas mesas, la misma cocina, la misma rutina.

Escruté el reloj, comprobando que llegaba veinte minutos tarde y, como siempre que estaba frente a esa puerta, dudé entre cruzarla o darme la vuelta y regresar a casa.

Luchando contra la tentación, otra vez escogí la primera opción, y ya iban dos años cediendo.

—¡Llegas tarde, Alicia! —espetó Matías, nada más verme.

—Había mucho tráfico —ironicé.

—Venga, ponte el delantal, y rapidito.

Empezar la mañana escuchando a mi jefe era similar a recibir una patada en el trasero. No soportaba su tono de voz, sus consejitos, sus advertencias…, su aliento. Eso es lo que más repulsión me daba, el nauseabundo aroma que salía de su boca. Intentaba mantener la distancia en las conversaciones, pero a él le encantaba acortarla y hablarme a escasos centímetros, como si estuviera sorda.

Curiosamente, su relación con los otros dos camareros era muy diferente, con ellos mantenía un trato más dócil, les pedía las cosas con delicadeza, bromeaba y, sobre todo, no era tan pesado.

Aunque también resultaba comprensible, teniendo en cuenta que, por un lado, estaba Gabriela, con su sonrisa impostada, a quien parecía que pagaran por ser feliz. Una monada de veinte años con unos atributos físicos que le otorgaban el don de la seducción, siempre luciendo el modelito perfecto, con una blusa tan ajustada como la mía, aunque con diferente resultado visual, lo que no pasaba inadvertido para los clientes «perennes», a los que tenía arremolinados alrededor de la barra. Además, contaba con el complemento de su dulce inocencia, que la eximía de responsabilidad. Ella no cometía errores, solo despistes; sin embargo, la que tenía que arreglarlos era yo, cuando no se enteraba de las comandas, me pedía platos repetidos o equivocados.

Luego estaba Marcelo, al que solo le faltaba botar. Todo el día haciéndole la pelota al jefe: «No se preocupe, voy enseguida», «por supuesto, faltaría más», «lo que usted ordene». Un obediente perrito faldero.

Junto a ellos, yo cerraba la plantilla, encargándome en especial de la cocina, lo que conllevaba cargar con todas las broncas y ningún cumplido. Si la comida salía bien, era lo esperable; si salía mal, era imperdonable.

Aunque, últimamente, a juzgar por la frecuencia de las contiendas, daba igual que estuviera bien o mal, la discusión era un clásico ineludible. Todo el respeto que mis compañeros le profesaban a Matías, se lo había perdido yo. Cada vez me callaba menos, le contestaba con desdén y no ocultaba mi desconsideración.

A las once de la mañana, aprovechando que el turno de desayunos había finalizado, abandoné la cocina y, de la máquina expendedora, extraje una caja de cigarrillos que no pasó desapercibido para mi radio particular.

—¿Ya estás con el vicio? —dijo Matías.

Resoplé.

—No solo te estás perjudicando la salud, sino que tengo que aguantar que pierdas el tiempo con tus constantes salidas.

—Te recuerdo que es la primera vez que salgo —rebatí.

—Si encima te voy a tener que dar las gracias por llegar tarde y trabajar dos horas de forma continuada —recriminó.

Haciendo caso omiso, me dirigí a la puerta y abandoné la tediosa tabarra, reuniéndome con el único compañero que no me incordiaba: el colindante umbral, que me esperaba ofreciendo su apoyo. Encendí un cigarro y lo acogí en mi boca, sorbiendo una profunda calada, seguida de una prolongada exhalación que fue reparadora, liberó el estrés que Matías me provocaba y me hizo disfrutar de unos minutos de paz.

Terminado el reconfortante intervalo, regresé a la cocina dispuesta a afrontar la peor parte, ya que me tocaba preparar los menús del almuerzo para que, a las dos de la tarde, cuando los operarios de la obra de la esquina hicieran su descanso, estuviera todo listo, pues solo contaban con una hora para comer y no podía demorarse el servicio.

La franja horaria de las comidas, sin duda, era la de más tensión, porque tenía que estar pendiente de mi trabajo y del de los demás.

—¡¿Dónde se ha metido Gabriela?! —vociferé.

Me ponía muy nerviosa estar esperando, con un plato en la mano, a que viniera a recogerlo.

—¡¿Quieres venir?! ¡Que se va a enfriar el arroz! —reclamé, aumentando el volumen.

—Haz el favor de no gritar, que los clientes no tienen por qué enterarse de lo que pasa en la cocina —demandó Matías, gesticulando con las manos.

—¡Como siempre, la culpa será mía! —protesté, dejando caer el plato sobre la barra con desaire—. No te preocupes que no se van a enterar, porque no pienso volver a salir de la cocina. Si las raciones llegan frías o tarde, no es mi problema —zanjé, regresando con brío a mi puesto.

Para colmo, las patatas se habían chamuscado durante mi ausencia, avivando esto mi cólera.

—¡Si es que soy idiota! Que se apañen ellos, igual que hago yo. —Proseguí con mi retahíla mientras retiraba la sartén del fuego—. Y encima me dice que no grite… ¡Gritaré cuando quiera! —clamé, con la intención de que me oyera todo el bar.

De la nevera cogí una botella de vino tinto, vertí el contenido en un vaso, hasta el borde, y lo vacié en mi gaznate con la misma celeridad con la que lo había llenado. Estaba harta, tensa e irritada; si no podía fumar, tenía que recurrir a otra alternativa para calmarme.

Sobre las tres y media de la tarde, el trabajo estaba prácticamente hecho, y eso se notaba en mi ánimo, aligerando la excitación soportada. Solo quedaba fregar, recoger… y largarme.

A esa hora también aprovechaba para comer. El menú era tan sencillo como variado, ya que podía escoger lo que me apeteciera entre el excedente de comida preparada. Estaba en ayunas desde el desayuno, por lo que me valía cualquier cosa. Y eso hice, zampar a mi antojo: unas croquetas que habían devuelto, un bocadillo de lomo que sobró, un poco de jamón y queso…, dedicándole una atención especial a los postres.

Con el estómago henchido, terminé de colocar los utensilios y enseres utilizados, fregué el suelo de la cocina, me despojé del delantal, lanzándolo a la encimera, y velozmente me alejé de ese inhóspito lugar en dirección a la salida.

—Ahí os quedáis. Hasta mañana —pronuncié.

—Eres la última en venir y la primera en marcharte —comentó Matías, poniendo su puntilla.

Un portazo al salir fue mi única réplica.

Por fin podía respirar el aire de la calle y el humo de un nuevo cigarro, de camino al lugar donde más me gustaba estar, por no decir el único, ya que mis días oscilaban entre el trabajo y el hogar. Mi vida social era inexistente; la suplía conectándome a la de los demás. Aunque para eso no hacía falta salir, me bastaba un teléfono móvil para entretenerme con publicaciones, historias y estados ajenos.

Accedí al interior del portal y apreté el botón del ascensor, pero este no se inmutó. *Lo que me faltaba, subir a un tercer piso por las escaleras*, farfullé con resignación.

Entré a mi apartamento jadeando, con la reserva de energía al límite. Me dirigí directamente al baño, ansiando una refrescante ducha que apartara el sudor de mi cuerpo y, al término, recogí mi cabello con un coletero, me puse el pijama y avancé hasta el salón, buscando desesperada el sofá.

No me eché la siesta, más bien perdí el conocimiento hasta las siete de la tarde; una consecuencia derivada de mi tirria al despertador. Me levanté con la boca seca. Con un esfuerzo titánico logré incorporarme, desplazándome hasta el frigorífico para hidratarme con una generosa copa de vino, y otra vez me encaminé al sofá para recuperar la inicial posición supina.

De modo contradictorio, cuanto más descansaba, más cansada estaba. Daba por hecho que era así en general, porque cuanto más comía, también tenía más hambre y cuanto menos hacía, menos quería hacer. Mi rutina estaba regida por movimientos automatizados que apenas implicaran actividad, como deslizar mi dedo índice por la pantalla del móvil; ese lo dominaba a la perfección.

Al menos, cuando estuve viviendo en Madrid, salía algunas veces con compañeras de trabajo y los vinos me los tomaba fuera, pero desde que había regresado a este aburrido lugar en el que nada ocurría, la fobia social se había instalado en mí y rechazaba cualquier posibilidad de interacción. Me sobraba la gente.

No me apetecía ver a nadie si no era a través de una pantalla, desde la seguridad de la distancia, desde el anonimato. Ejercía de observadora indiscreta, limitándome a criticar, envidiar o juzgar otras vidas en lugar de preocuparme por la mía. Exploraba fuera lo que no encontraba dentro, buscando una chispa de emoción en experiencias externas, y es que cualquier otra vida me parecía más interesante.

El rugido de mis tripas me advirtió de que era hora de cenar y repetí el manido itinerario hasta la cocina, pues lo único que lograba movilizarme eran las funciones fisiológicas básicas.

Abrí la nevera, escudriñando las posibilidades, debatiéndome entre una pizza congelada o un pollo relleno, envasado con salsa y patatas incluidas, que solo requería de un breve paso por el microondas. Esa opción era difícil superarla: calentar unos minutos y servir. Bastante tiempo invertía cocinando en el bar como para continuar haciéndolo en casa. Sin duda, el microondas y la comida precocinada eran dos inventos infravalorados.

Regresé al sofá y encendí la televisión. Aunque aumentó el tamaño de la pantalla, no cambió demasiado el contenido: personas desconocidas en un plató discutían sobre vidas ajenas, desmenuzando fracasos o éxitos que no les pertenecían.

Refugiándome en una absurda espiral de morbosa observación, me entretuve enmascarando la monotonía de mi propia existencia, hasta que la madrugada asomó y la presión en mi pecho comenzó a perturbarme. Noté una angustia sutil que me recordaba que había llegado el momento de retirarme a la cama y quedarme realmente sola, desprovista de la compañía de otras vidas que aliviaran el vacío de la mía.

Durante la noche, me desprendía de la armadura defensiva que portaba por el día y se destapaba mi fragilidad, resistiendo el peso abrumador del silencio.

Capítulo II

Entreabrí el ojo izquierdo y divisé en el reloj que eran las nueve de la mañana. Una hora tarde y todavía seguía en la cama. Sobresaltada, me levanté con una agilidad impropia. De nuevo agarré los vaqueros azules y la blusa negra, que reposaban sobre una silla, y me enfundé mi particular uniforme.

El ascensor continuaba estropeado, así que descendí las escaleras a toda la velocidad que mi pesado cuerpo me permitió. Al salir a la calle, comprobé que tenía tres llamadas perdidas del bar. Estando ya de camino, me resultaba más productivo inventar una excusa que devolverlas.

Llegué con el corazón desbocado como consecuencia del acelerado transitar. En el exterior del bar me detuve, tratando de recuperar el aliento antes de entrar. Me asomé discretamente por el cristal, observando a Matías, que estaba sentado en un taburete, absorto, ordenando papeles. En el instante en que me disponía a empujar la puerta, se levantó y se internó en el almacén, brindándome la oportunidad de aprovechar su ausencia. Con cuidado de no hacer ruido, crucé el local deprisa y llegué a la barra, donde se encontraba Marcelo, que me miró sorprendido.

Ubiqué mi dedo índice en los labios, y le di a entender que necesitaba su silencio. Finalmente alcancé mi destino: la cocina. Me puse el delantal, que aguardaba sobre la encimera, y agarré la escoba de inmediato, más para disimular que para barrer.

A los diez minutos, Matías asomó.

—Buenos días, no te he visto hoy —comenté al verlo, fingiendo casualidad.

No dijo nada, solo levantó el brazo para mirar su reloj.

—¿Por qué una hora y media tarde? —preguntó con un tono sereno que me descolocó.

—Eeeh, esto…

Con las prisas, se me había olvidado fabricar una excusa.

—Me he quedado dormida —confesé.

Contra todo pronóstico, Matías mantuvo una inusual calma. Esperaba un grito o una reprimenda; sin embargo, no hubo ninguna objeción. Simplemente me miró a los ojos y, después, se marchó, dejándome con una mezcla de alivio y confusión.

Terminó la hora de los desayunos y, aunque anhelaba un cigarro, decidí declinar la pausa para no caldear más el ambiente. La mansa reacción de Matías había sido desconcertante. Acostumbrada a sus explosiones por nimiedades, no podía entender que se quedara impasible ante una falta que revestía gravedad.

Pronto lo comprendería.

—¿Tienes cinco minutos? —requirió Matías desde la entrada de la cocina.

—Sí, claro.

¿Era mi jefe el que me estaba pidiendo permiso? Esto me hizo pasar de la sorpresa a la preocupación.

—Llevas dos años aquí y no es fácil para mí tomar esta decisión, pero la situación se ha vuelto insostenible —indicó—. Llegas tarde, estás malhumorada, faltas el respeto a tus compañeros…, bueno, y no solo a ellos —añadió, señalándose—. Últimamente no se te puede decir nada, siempre estás a la defensiva. No haces caso a lo que se te pide, incluso algunos clientes se han quejado de tu trato.

—Vaya, ¿entonces no hago nada bien? —inquirí, ofendida.

—Sí, hay cosas que haces bien, eres buena cocinera —reconoció—, pero el bar se ha convertido en una olla a presión y no quiero estar todo el día discutiendo contigo ni que exista un mal rollo constante, porque, como habrás comprobado, con Marcelo y Gabriela no sucede.

La comparación me dolió.

—Pues pon a Gabriela en la cocina, a ver si es capaz de freír un huevo.

—No sabe cocinar, aunque hace otras cosas —defendió.

—Cocinar no, pero calentar a los clientes sí se le da bien.

—¡Te estás pasando! —advirtió Matías, mostrando su dedo índice.

No lo rebatí, porque me di cuenta de que tenía razón. Aun así, era incapaz de otorgársela; mi orgullo era soberano y callarme era la única forma que conocía de pedir perdón.

—No quiero iniciar otra trifulca contigo —dijo Matías, serenando el tono—. Me sabe fatal, pero no veo otra opción.

¿Va a anunciarme lo que estoy imaginando? ¿Me está despidiendo?, me pregunté, ofuscada.

—Te pagaré el finiquito que te corresponda…

Pues sí, me está despidiendo, confirmé.

—Puedes terminar, si te parece bien, lo que queda de mes y, sintiéndolo mucho, después no quiero que continúes trabajando aquí —finalizó.

Enmudecí al oírlo. Sabía que había tensado demasiado la cuerda y, a tenor de mi actitud, no debería extrañarme. Sin embargo, no sospechaba el desenlace. Estúpida de mí, me consideraba imprescindible, como si alguien lo fuera, menos aún una cocinera cabreada.

Durante el resto de la jornada proseguí silente, dejando escapar las palabras estrictamente necesarias, acallando mi consabida monserga. De nuevo aparté la armadura y volví a dejar al descubierto mi fragilidad, circunstancia que aprovechó un invitado especial que siempre se las arreglaba para aflorar en los momentos delicados: el miedo.

Miedo a lo que me depararía el futuro.

Necesitaba el trabajo, necesitaba el dinero y necesitaba huir. Sin dudarlo, me esfumaría y regresaría a Madrid, si no fuera por la única razón que me amarraba y me mantenía anclada aquí: ella.

Por la tarde, cuando salí de trabajar, me acerqué a verla. Solía hacerlo los martes, jueves y sábados, una secuencia programada que se asemejaba a otra jornada laboral.

Atravesé el patio de acceso. Un remanso de armonía, con hermosas flores, árboles frutales, senderos para caminar y el trino de los pájaros, simulando una paz que solo encubría la sensación de desconsuelo que te envolvía al cruzar la entrada del edificio principal.

—Buenas tardes, Alicia —saludó Alfonso, uno de los cuidadores de la residencia—. ¿A ver a tu madre?

Menuda pregunta, pensé. No podía imaginar otro motivo para entrar en esa horrorosa prisión.

—Está en el salón —informó—. Se pondrá muy contenta al verte.

—Seguro que sí —respondí con sutil ironía.

Alfonso me acompañó hasta ese usual emplazamiento, donde era previsible hallarla.

—Hola, Amparo, traigo visita —indicó Alfonso.

Mi madre desvió la mirada, apartándola de la ventana.

Me observó fijamente, apuntándome con unos ojos que carecían de expresión. Daba la impresión de que mi identidad se vislumbraba en medio de una neblina. No reveló sorpresa ni alegría, solo el desconcierto de no distinguir quién estaba delante.

—Aquí está su hija, que ha venido a verla —pronunció Alfonso, hablándole lentamente, persiguiendo su comprensión.

—¿Mi hija pequeña? —preguntó ella, insegura.

—Eso es, la pequeña Alicia —ratificó Alfonso, al mismo tiempo que me guiñaba un ojo, pues sabía perfectamente que en realidad era hija única—. Bueno, os dejo juntas, que tendréis muchas cosas que contaros.

Me senté frente a ella y, después de preguntarle cómo se encontraba, algo que era fácil de intuir, se me acabaron las palabras.

Saqué el móvil y me puse a revisar lo mismo que ya había revisado hacía veinte minutos, siendo ella quien inició el interrogatorio.

—¿Lo has visto? —indagó.

—¿A quién? —sondeé sin levantar la mirada del teléfono.

—A mi novio.

—No, no lo he visto.

—A lo mejor no sabe que estoy aquí —argumentó—. Se lo puedes decir si lo ves.

—Mamá, no tienes ningún novio, déjate de tonterías.

—¿Por qué dices eso?

—Porque es la verdad.

Se quedó en silencio, aparentemente enojada.

—Entonces ¿no lo has visto? —volvió a consultar.

Meneé la cabeza suspirando, sin molestarme en responderle.

—Hace tiempo que no sé nada de él —declaró.

Ella seguía enredada con su títere y yo con mi móvil.

—¿Sabes cuál es su número para llamarlo?

—Mamá, que no tienes novio —reproduje, acentuando cada sílaba.

Menudo día llevaba. Por la mañana me había quedado sin trabajo y por la tarde tenía que aguantar delirios.

Mi madre giró la vista de nuevo hacia la ventana y volvió a su exhaustiva concentración, lo que me concedió una tregua para desconectar.

Hacía dos años que le habían diagnosticado alzhéimer, aunque los primeros síntomas habían comenzado antes. Sin embargo, me resistí a reconocerlos, prefería pensar que eran simples despistes y le reprochaba que estuviera a menudo distraída.

«Mamá, no te enteras»; «a ver si escuchas cuando te hablo», eran mis frases habituales.

Incluso llegué a pensar que se trataba de una artimaña suya para llamar la atención e intentar atraparme de nuevo. No quería admitir una enfermedad que amenazaba con alterar mi tranquilidad y desmoronar mi estable vida en Madrid. Una vida que tampoco me entusiasmaba, aunque al menos me mantenía alejada de este pueblucho.

Pero, poco a poco, los despistes se hicieron demasiado notorios como para ignorarlos. Ya no era solo su memoria la que fallaba, sino que su autonomía se vio drásticamente reducida y vivir sola, sin supervisión, comenzó a ser peligroso. Actividades cotidianas como conducir, salir a pasear o cocinar derivaron en situaciones de riesgo.

Un día su vecina la encontró totalmente desorientada, dando vueltas por la calle en busca de su domicilio. En otra ocasión se metió con el coche por un acceso intransitable, quedando este varado en un cenagal.

No fue hasta una llamada, alertando de un marcado incidente, cuando dejé de evadir la realidad y entendí al fin que no era cuestión de atención. Había olvidado una sartén con aceite hirviendo y se marchó a comprar el pan. Cuando regresó, una enorme llamarada la estaba esperando. Intentó sofocarla arrojándole agua, pero consiguió el efecto contrario y tuvieron que intervenir los bomberos para apagar el fuego.

No sufrió ningún daño, pero ese episodio constituyó la advertencia que me hizo aceptar que mi estancia en Madrid había concluido. Aunque supusiera un suplicio, tuve que hacer las maletas y retornar a unos orígenes que había intentado olvidar.

No podía dejarla abandonada; era mi madre. Lo mereciera o no, debía ocuparme de ella, o más bien buscar a otros que lo hicieran. Mi función se reducía a esas visitas protocolarias, tres veces por semana, quizá para apaciguar mi conciencia, quizá para devolverle el endeble amor recibido.

Conforme su deterioro mental fue avanzando, las visitas se hicieron más breves, más frías…, más intrascendentes. Plantarme delante de una persona, con la incógnita de si me reconocería, para escuchar incongruencias mientras esperaba a que el tiempo avanzara, cumpliendo un mínimo de cortesía, y llegara el momento de despedirme con un desaborido beso en la frente, se convirtió en un vínculo carente de esencia, un insensible ritual que tenía más de apariencia que de verdad.

—A lo mejor ha tenido mucho trabajo y no ha podido venir —expresó Amparo, quebrantando la improvisada pausa.

—¿Quién, mamá?, ¿quién? —consulté, apurando mi paciencia.

—¿Quién va a ser?, pues él.

—¿Tu novio? —pregunté con un sarcasmo imperceptible para ella.

—Claro.

Era consciente de que estaba enferma, sabía que su mente se encontraba perturbada, pero no lograba acostumbrarme. Existía una obstinada parte de mí que permanecía intransigente, que se negaba a tolerar sus desvaríos, como si fuesen meras estratagemas para fastidiarme, para continuar frenándome de la misma manera que había hecho toda su vida. De un modo irreprimible, la ira se expandía dentro de mí y tenía que contenerme para no descargarla verbalmente. La rabia me estallaba por dentro, hiriéndome a mí en lugar de a ella, mordiéndome la lengua para no gritarle que no tenía ningún novio, porque nadie, salvo yo, la aguantaría.

Ni siquiera viéndola desamparada en aquella residencia, con sus facultades diezmadas, conseguía apartar el resentimiento que me devoraba. Lo preservaba en mi interior, como un baúl secreto colmado de resquemor que no compartía con nadie; solo yo conocía, solo yo abría. Ese baúl revelaba la monstruosidad que habitaba en mí y no podía evitar culparla a ella por haber sido la creadora de ese monstruo.

Estaba demasiado abatida para prorrogar la sesión. Apenas habían transcurrido cuarenta minutos, no obstante, sentía que no podía más. Mi único anhelo era llegar a casa y abandonarme en el sofá. Ni siquiera me despedí, tan solo me retiré cautelosamente, aprovechando que sus ojos fueron reclamados de nuevo por esa ventana que le haría olvidar mi ausencia.

Sin detenerme, ante la atenta mirada de Alfonso, me dirigí a la salida apuntando al frente, fingiendo que mi vista no captaba nada más allá de la puerta para no tener que afrontar otra conversación insustancial.

Crucé el apacible patio ajardinado por su cara más bonita, la que te acercaba al exterior. Necesitaba imperiosamente un cigarrillo y, antes de poner un pie fuera del recinto, ya lo había encendido, consumiéndolo con vehemencia, sin que las extensas bocanadas de humo lograran saciar mi desazón.

Arranqué el coche y abandoné el aparcamiento, dejando atrás ese detestable edificio, circulando expeditivamente por la avenida que me conducía al descanso, a mi sofá, a mi copa de vino, a mi añorado aislamiento.

La usual vocecilla, que acostumbraba a increparme, reapareció en mi cabeza y, con ella, también el familiar malestar: los latidos del corazón galopantes e impetuosos, el hormigueo en la yema de los dedos, el sudor en mis sienes y la respiración imponiendo un impreciso ritmo, amando, como siempre, la velocidad.

Los escasos tres kilómetros hasta casa se hicieron interminables, aprovechando el color rojizo de un semáforo para prender otro cigarro que proporcionara un consuelo momentáneo. Cuando por fin llegué y pude acceder a mi apartamento, la angustia aminoró, pero no cesó. Me era imposible ignorar esa hastía vocecilla, recordándome con ahínco mi ínfimo valor: «No sirves ni de camarera».

Una oleada de inquietud recorría mi abdomen, cada vez que mi mente hablaba y me indicaba que ni siquiera había cumplido el pronóstico de ese imbécil.

Solo ansiaba silenciar el ruido, recuperar el control de mi respiración, olvidarme de mi insignificancia y dejar de sentir esa asfixiante opresión en el pecho.

Deposité las llaves del coche en el cenicero de la entrada y, sin más demora, busqué una botella de vino en la alacena, nerviosa ante la posibilidad de no encontrarla, como si se tratara de una salvadora medicina, y es que constituía mi bálsamo, el reconstituyente que lograba domar la agitación y acallar la maldita voz.

En un rincón, detrás de un saco de patatas, detecté el reflejo de su oscuro cristal y respiré aliviada. La primera copa la ingerí de forma ininterrumpida, rezando por que llegara pronto el efecto reparador de ese líquido.

Seguidamente abrí mi compartimento favorito de la nevera y extraje del congelador la pizza de cuatro quesos que había descartado la noche anterior. La ubiqué dentro de mi otro aliado, el microondas, y en apenas diez minutos tenía la cena preparada.

Me emplacé en el sumiso sofá y encendí la tele, mientras alternaba bocados y tragos, hasta que la pizza y la botella expiraron. Cogí mi móvil, que descansaba encima de la mesa, y me sumergí en los movimientos automáticos de mi dedo índice. Debería estar pensando qué iba a hacer con mi vida, pero era más sencillo observar la de los demás. Prefería aumentar mi frustración comparándome con personas más delgadas, más felices, con más amor, con más amigos, con más dinero…, con más de todo, preguntándome por qué no podía ser yo una de ellas.

En un esfuerzo extra por castigarme, busqué ese antiguo vídeo que, tal vez, podría encerrar la respuesta; un recuerdo que tanto me dañaba y, paradójicamente, me gustaba evocar.

Doce años habían transcurrido desde ese momento, aunque en mi retina permanecía inalterable. Si cerraba los ojos, todavía podía recrearlo y volver a sentir esa ansiedad que se quedó a vivir conmigo para recordarme que era inútil aspirar a ser distinta, que me tenía que conformar con envidiar otras vidas, porque la que tenía era la que merecía.

El cansancio y el vino ejercieron de somnífero. Mi cuerpo fue cediendo, deslizándose hasta quedar recostado. Mansamente, el sopor me invadió, salvándome de soportar ese hostil silencio que antecedía al sueño, llegando al fin la paz.

Capítulo III

Cuando desperté, ni siquiera me acordaba de haberme quedado dormida en el sofá. Bajé la vista y advertí, tirada en el suelo, la botella de vino vacía. Entendí el origen de mi dolor de cabeza.

También despertó mi mente, que no esperó a que me espabilara para ponerse a funcionar. Sin darme un respiro, inició su actividad: «No olvides que te han echado del trabajo», «a ver qué vas a hacer ahora», «lo que te faltaba».

Eran las seis de la mañana, no recordaba haberme levantado tan temprano desde que vivía en Madrid, donde requería de una hora y media de antelación para desplazarme al trabajo. En otra ocasión habría tratado de alargar el reposo, apurando al máximo los minutos, pero sorprendentemente no me costó incorporarme.

Lo positivo era que disponía de más tiempo para organizarme, podía escoger otro conjunto diferente a los vaqueros azules y la blusa negra, preparar un desayuno más completo y disfrutarlo sentada. Lo negativo era que también contaba con más tiempo para pensar.

¿Y ahora qué? ¿Me pongo a echar currículums?, me pregunté.

Podía ser la oportunidad de marcharme a otro sitio, empezar de nuevo, aunque ello implicaría tener que buscar un piso y pagar alquiler, desaprovechando la única ventaja que tenía vivir aquí. Por otro lado, estaba la atadura de mi madre, que me impedía largarme lejos.

A medida que la cavilación aumentaba, también lo hacía mi agitación. Me estaba agobiando confabulando hipótesis, no me quería ni imaginar lo que pasaría cuando acabara el mes y tuviera que mover ficha realmente. También cabía la posibilidad de que el agobio derivara en parálisis y, como me había sucedido otras veces, la inacción se convirtiera en mi elección.

Después de ducharme rebusqué en el armario alternativas de vestimenta. Mi vista se detuvo en una preciosa falda morada que llevaba años sin ponerme y, aunque le dediqué empeño, tirando con fuerza, se quedó atascada en mis muslos, suponiendo una barrera infranqueable que detuvo su ascenso; lo mismo me sucedió con una camisa, cuyos botones no superaron la prueba de resistencia. Finalmente, volví a encubrirme con los ajados vaqueros azules, innovando en la parte superior con otra blusa idéntica a la negra, pero de distinto color.

Estaba lista para efectuar mi salida treinta minutos antes de la hora de comienzo de la jornada, algo inédito que me permitió caminar tranquila e incluso saborear con pausa un cigarro durante el trayecto.

De nuevo surgieron pensamientos distractores, colándose el importuno miedo, siempre alerta, aguardando la ocasión perfecta para asomar. «¿Y si no encuentras ningún trabajo? ¿Y si se te acaban los ahorros? ¿Y si no puedes hacer frente a los gastos?».

«Y si, y si, y si...» era la vulgar fórmula que usaba el miedo para instaurar la incertidumbre y preservar la estabilidad, puesto que era un ferviente enemigo del cambio.

El miedo amaba la seguridad, aunque esta fuera precaria, prefería defenderla con tal de no enfrentarse a lo desconocido, valiéndose de las dudas e inseguridades para persuadirme, convenciéndome de que la mejor opción pasaba por quedarme como estaba, disuadiendo el riesgo, porque este era sinónimo de peligro.

Ese sentimiento de pavor volvió a demostrar su poderosa habilidad para dominarme y mi pensamiento se enfocó en explorar esa única vía. No iba a ser sencillo para mi orgullo; no obstante, si quería tener alguna posibilidad de que las cosas perduraran inamovibles, debía pedir perdón y reconocer mis faltas. Esa muestra de humildad no garantizaba la readmisión, pero constituía la única baza para seguir navegando en aguas tranquilas.

A las nueve menos cuarto de la mañana abrí la puerta del bar, llegando, por primera vez, antes que Gabriela y Marcelo.

—Buenos días —pronunció Matías, arqueando sus cejas con un sorpresivo gesto.

Le devolví el saludo y, directamente, ingresé en la cocina. Podía haber aprovechado que estábamos los dos solos para hablar, pero era demasiado pronto, sentí que era mejor esperar a otro momento.

Durante la mañana no abandoné mi puesto ni para ir al baño, menos aún para fumar. Permanecí encerrada en la cocina, no solo preparando comidas, también me dediqué a limpiar y ordenar rincones cuya existencia había ignorado durante meses. Intentaba ganar puntos, demostrando un ejemplar compromiso que mi jefe pudiera apreciar.

A las cuatro de la tarde todavía no había comido; extrañamente, tampoco tenía apetito. El día avanzaba y la conversación seguía pendiente, aplazando esa palabra que tantísimo me costaba pronunciar.

Quiero pedirte perdón, mascullé, practicando en solitario.

Como si lo hubiera invocado, apareció Matías, interrumpiendo mi ensayo de indulgencia.

—¿Te importa atender la barra hasta que vuelva? Es que tengo cita en el médico.

—No, salgo enseguida —contesté.

El diálogo se había adornado con una formalidad que poco tenía que ver con lo cotidiano.

—Gracias —añadió Matías.

Este vocablo fue más sorprendente, pues constituía una auténtica novedad entre nosotros. Sin duda, el ambiente era propicio para lanzarme.

Vamos, no es tan difícil, deliberé, animándome.

—Me gustaría comentarte una cosa. —Comencé mi defensa—. Sé que si me lo propongo…, quiero decir, intentaré ser puntual…, y no enfadarme tanto…, no sé, creo que podría…

—Alicia, ya está decidido —zanjó fulminantemente, cortando mi irresolución y cualquier opción de rebatir su dictamen.

—Pero…

—De verdad que siento que sea así, aunque va a ser lo mejor.

—¿Lo mejor para quién?

—Para todos.

—Déjame que…

—No hay más que hablar —concluyó con firmeza.

Estaba tratando de disculparme y él había bloqueado la tentativa sin tan siquiera escucharme. Un rotundo «no» que, en lugar de encolerizarme, como se presuponía, lo que hizo fue noquearme.

Sentí la misma fragilidad que en las noches, cuando la habitación estaba oscura y el silencio vigilaba; me había despojado de la armadura antes de llegar a casa.

No tuve fuerzas para salvaguardar mi orgullo. Podía haberle insultado, haberme despachado a gusto diciéndole que, al menos, no tendría que soportar su apestoso aliento, pero la sensación de derrota aplacó mi furia, logrando, únicamente, el arrojo necesario para apretar los dientes e impedir regalarle mis lágrimas.

—Cuando puedas, sal fuera a atender —recordó, alejándose.

Me retiré a la despensa, persiguiendo un pequeño refugio para reponerme durante unos minutos y enmendar mi rostro antes de exponerlo al público. Nada más entrar, como si me estuviera esperando, sin buscarlo, apareció frente a mí. Lo tenía ahí delante, tentándome, desafiando mi voluntad, sabedor de que era débil. Lo agarré con deseo, valiéndome de mis dientes para destaparlo y, directamente, dejé que penetrara en mi cuerpo.

El romance fue breve, solo necesité unos minutos para descargar en mi garganta la mitad del vino que contenía esa botella devolviéndome este brebaje mi armadura.

Con decisión, abandoné la cocina y cambié mi ubicación, compartiendo barra con la «muñequita» Gabriela.

—Déjame espacio —le dije al pasar junto a ella, desplazándola con un brusco movimiento de nalga.

No tenía la culpa de mi frustración, pero se cruzó en mi camino y tenía que liberar de algún modo el cúmulo de rabia que llevaba dentro.

—Un poquito de cuidado, por favor —expresó Gabriela.

—¿Algún problema? —inquirí desafiante.

Ella rehusó el enfrentamiento, separándose de mi lado; yo me giré, ofreciéndole mi espalda.

—¿Me puedes dar la cuenta? —demandó un cliente.

—Voy —respondí sin darme la vuelta, soslayando su petición.

Reposadamente, me puse a preparar un café y lo serví en el extremo opuesto.

—Dime ya la cuenta —volvió a repetir el mismo individuo, nada más verme regresar.

En esta ocasión sí lo miré a la cara, comprobando que era uno de esos clientes «perennes», que dilapidaban sus horas sosteniendo la barra.

—Vaya, todo el día aquí metido y ahora tienes prisa —le solté.

—Joder, qué humos, ojalá se lo hubiera pedido a Gabriela.

—Pues sí, mejor moléstala a ella —indiqué—. ¡Gabriela! ¡Dale la cuenta a este señor, que pueda, por fin, irse a casa y ver a su familia! —anuncié, elevando el tono para que lo oyera ella y medio bar.

El cliente, con brío, se levantó del taburete.

—No creo que tú seas la más indicada para dar consejos —reprochó—. Apúntamelo, mañana pagaré. —Abandonó el local, dejando atrás silencio y miradas indiscretas.

Razón no le faltaba, ¿cómo me atrevía a opinar sobre su vida, cuando la mía era un completo desastre? Sin duda, opinar sobre otros resultaba más sencillo que afrontar mi propia realidad, estancada en la mediocridad, una realidad insípida para la que no hallaba ningún condimento que le otorgara un ápice de sabor.

Salí de la barra para recoger y limpiar las mesas, esperando a que retornara Matías para terminar el turno y poder hundirme en mi sofá. El madrugón me estaba pasando factura y, si normalmente me encontraba cansada a esas horas, el agotamiento era superior a lo habitual, resultando extenuante.

De repente comencé a experimentar un malestar general. Presentí que se trataba de la ansiedad resurgiendo, aunque los síntomas eran diferentes. Irrumpió una aguda cefalea y, poco a poco, mi visión comenzó a nublarse hasta que tuve que aferrarme con fuerza a una mesa para no derrumbarme.

—¿Te encuentras bien? —Distinguí difusamente a un hombre de barba blanca que se encontraba en esa mesa.

Intenté responderle, pero las palabras no brotaron.

—Siéntate aquí —solicitó, levantándose raudo para aproximarme una silla.

El mareo se intensificó y mis piernas apenas podían mantenerme, sumiéndome en una flojedad extrema.

—No te preocupes, que yo te sostengo. —Agarrándome por los hombros, me ayudó a descender y me posó, suavemente, en el asiento.

—Muu…chas… graaa…ciiiaas —logré pronunciar.

A través de una opaca nebulosa, aprecié cómo ese individuo sacaba su teléfono móvil del bolsillo.

—Por favor, manden una ambulancia urgente. —Fue lo último que escuché.

Capítulo IV

Abrí los ojos y comprobé que mi visión volvía a ser nítida. Aparecí tendida en una habitación de hospital, habiendo borrado el trayecto que me condujo a ella. Mi último recuerdo era de cuando me recogieron en camilla y me subieron a la ambulancia, algo que me pareció desproporcionado, puesto que solo había sufrido un vahído.

Las molestias se habían esfumado y me encontraba perfecta, no pintaba nada en un hospital, ocupando una cama. Miré a mi derecha y advertí la presencia de un hombre intubado que aparentaba gravedad. Giré la cabeza hacia el otro lado, divisando, a unos metros de distancia, a una enfermera. Le hice señas para llamar su atención, cesando la acción de inmediato al percatarme de que, casualmente, estaba caminando hacia mí.

—Hola, Alicia. Te voy a tomar la tensión —dijo la sonriente mujer, remangando mi brazo izquierdo.

—Gracias, aunque no hace falta —comuniqué—. Ya estoy bien y puedo irme.

—No tan deprisa —indicó—. Esta noche tienes que quedarte aquí.

—¿Para qué? Si no me pasa nada. —Recibí la noticia con perplejidad.

—Te tienen que hacer pruebas y debes permanecer en observación —aclaró—. Está perfecta: 12 la sistólica y 7 la diastólica.

—¿En observación de qué? ¿Hasta cuándo? —indagué intranquila, sin importarme lo más mínimo el resultado de mi tensión arterial.

—No te preocupes, pronto vendrá el médico y podrás hacerle las preguntas a él —respondió con un tono dulce y sosegado, al mismo tiempo que me quitaba el tensiómetro—. Mi nombre es Sonia, si necesitas algo, puedes avisar tocando el timbre —añadió, antes de retirarse.

Tendré que informar a mi jefe de que mañana no voy a trabajar, pensé. *Ahora sí que me puedo olvidar de otra oportunidad.*

Estaba deseosa de que se personara el médico para que me explicara por qué tenía que quedarme en esta estancia, que ni siquiera era una habitación convencional, solamente porque me había mareado un poco.

Luego dicen que la sanidad está saturada, si nos dejan aquí por cualquier cosa, cavilé. *Si me realizan las pruebas pronto, a lo mejor puedo convencerlo para hacer el reposo en mi casa.*

La espera se hacía eterna y la impaciencia aumentaba, pero justo cuando me disponía a tocar el botón para reclamar a algún sanitario, se presentó la persona que ansiaba ver.

—¿Qué tal, Alicia? Soy el doctor Salgado. ¿Cómo te encuentras? —preguntó de forma distendida.

—Pues es lo que quería comentarte, que estoy genial y es una tontería quedarme a dormir aquí.

—Me alegra mucho escuchar eso, porque en esta sala no suele ser frecuente.

¿En esta sala? ¿Qué le pasa a esta sala?, discurrí en silencio.

—Es necesario que permanezcas ingresada un mínimo de cuarenta y ocho horas —notificó Salgado.

—¡¿Dos noches?!

—En el mejor de los casos —añadió.

—Si solo fue un mareo.

El médico hizo una pausa, antes de retomar el diálogo.

—Verás, Alicia, no ha sido un mareo, sino un ictus —informó, con una calma que contradecía la gravedad de sus palabras.

Enmudecí ante una revelación que me dejó helada. No podía creer lo que había escuchado. ¿Un ictus? ¿A mi edad? ¿Cómo era posible?

—Lo importante es que ahora mismo estás hablando conmigo, esa es la mejor noticia —afirmó Salgado, tratando de aportar optimismo.

Sin embargo, mi cabeza solo alojaba asombro. La palabra «ictus» resonaba persistentemente, sin poder apartarla. Estaba claro que mis hábitos no eran los más saludables…, pero ¡solo tenía treinta y cuatro años!

Y yo preocupada porque no dormiría en mi cama o por no ir a trabajar al día siguiente.

—Por la forma en que se ha producido y la rápida mejoría, creemos que ha sido un accidente isquémico transitorio que, en palabras más normales, sería un ictus leve —especificó—. De todos modos, tenemos que confirmarlo, asegurarnos de que no existe ninguna secuela y establecer la medicación.

Sentí alivio al escuchar el diagnóstico; no obstante, mi estupor perseveraba ante la incredulidad de un hecho inimaginable, que sumaba un despropósito más a mi, ya de por sí, maltrecha vida.

La temida noche llegó, aunque prácticamente la pasé en vela. Me daba miedo quedarme dormida y no despertar, padecer otro ataque y que nadie se enterara.

El médico me explicó que intentara descansar y no me preocupara, porque estarían monitoreando mi estado sin cesar, pero no era fácil convencer a mi mente de que se pusiera a soñar de manera plácida.

A pesar de mis esfuerzos por resistir la somnolencia, entrada la madrugada mis ojos cedieron, rindiéndome a un letargo tan profundo que, cuando el ruido de un carrito golpeando levemente la mesa me despertó, realmente no sabía dónde me hallaba.

La impoluta vestimenta blanca de la enfermera me hizo recuperar el contexto.

—¡Buenos días! —saludó Sonia, efusiva—. ¿Has descansado?

—Más o menos —respondí.

—Si quieres, puedes levantarte y sentarte en el sillón —sugirió.

Me pareció buena idea. La enfermera me ayudó a incorporarme y, mientras estaba subiéndome el respaldo, me percaté de que la cama contigua estaba vacía.

—¿Y el hombre que había aquí ayer? —consulté.

Ella elevó sus hombros y cerró los párpados en un inconfundible gesto que revelaba el motivo de la ausencia.

—¿Ha fallecido? —pregunté, persiguiendo la confirmación. Asintió.

—¿De un ictus?

—Claro, esta es la unidad de ictus.

La respuesta era evidente, pero lo que suponía me impactó; yo también me encontraba en esa unidad.

—¿Qué edad tenía? —indagué, tal vez esperando que se tratara de una persona mayor, para quedarme más tranquila.

—No lo sé, ¿acaso importa? —planteó.

Guardé silencio.

—Sucede casi a diario, personas mayores y personas jóvenes, igual que tú.

Tragué saliva.

—¿Y cómo lo soportas? —quise averiguar, sorprendida por ese tránsito de vidas.

Sonia se acercó, sentándose en el borde de la cama, justo enfrente de mí.

—Esa pregunta me la hice hace unos años, cuando estuve trabajando en la planta oncológica —confesó—. Al principio, tal y como dices, pensé que no lo soportaría, no podía ver a gente maravillosa sufrir, gente de todas las edades, incluso niños. Compartíamos conversaciones, tiempo, cariño. Era muy doloroso cuando llegaba una pérdida, sentía frustración porque no había podido hacer nada por evitarla. Me iba a casa y no conseguía desconectar, no solo me afectaba personalmente, también en la relación con mi familia, puesto que estaba distante, apagada, irritable. No entendía que sucediera, no entendía que la vida fuera tan cruel. Hasta que lo entendí... y todo cambió.

Centré toda mi atención en el interesante testimonio que estaba compartiendo conmigo.

—Entendí cuál era mi papel —prosiguió—. Yo no había inventado la vida, tampoco la muerte. No tenía el poder de salvar a esas personas, solo era una enfermera. Pero me di cuenta de que sí poseía otros poderes, que estaba en mi mano usarlos.

—¿Qué poderes? —cuestioné con genuina curiosidad.

—Los mismos que todos los humanos tenemos, aunque pasen desapercibidos a menudo, porque preferimos lamentarnos por aquellos de los que carecemos —señaló, aportando la sabiduría que le concedía la experiencia—. El poder de sacar una sonrisa, de mostrar empatía, de escuchar, de ofrecer mi mano siempre que el miedo acecha, de conceder una caricia que profundice más allá de la piel.

Deliberó unos segundos, rebuscando más poderes que enumerar.

—Puedo ser el motor que mantenga viva la esperanza, alentando para continuar adelante y aliviando los momentos de desesperación; celebrar cada victoria y consolar en las derrotas, recordando que una caída no es el final. También poseo el poder de inculcar que cada minuto merece ser vivido y, mientras exista ese minuto, hay que seguir jugando.

Terminó su exposición transmitiendo todo lo que era capaz de hacer, demostrando que, en efecto, se trataba de una heroína.

—¿Y ya no te afecta? —pregunté con cierto recelo.

—No quiere decir que me haya vuelto insensible, al revés, me vuelco en utilizar mis poderes con la mayor ternura posible, pero consciente de cuáles son y evitando sufrir por lo que no depende de mí.

»En realidad, soy algo parecido a una jardinera cuidando plantas marchitas. Las puedo regar, mimar, fertilizar, pero eso no significa que todas vayan a recuperarse. Muchas no lo conseguirán, a pesar de que lo haga de la mejor manera. Al menos me quedará la satisfacción de haberlo intentado y haber compartido sus últimos días. No puedo cambiar el destino de las que se marchitaron ayer. Sin embargo, para aquella cuyos tallos vuelvan a brotar hoy, habrá valido la pena; no solo para ella, también para mí. Ese es mi premio y mayor motivación: ver a esas plantas marchitas volver a florecer.

Quedé impresionada con el discurso improvisado. Sus palabras eran sencillas, pero profundas, desentrañando una manera completamente diferente a la que yo tenía de concebir un trabajo. Para mí no era más que un medio para obtener dinero, una rutina obligatoria que cumplía sin trascendencia. En cambio, para ella, su labor iba mucho más allá, considerándola una vocación, una misión, incluso. A cada paciente lo estimaba único y especial, a la inversa que me sucedía a mí con los clientes del bar, de quienes no sabía ni sus nombres. Confiaba en la magia de las pequeñas acciones, creía realmente en sus poderes, sintiéndose valiosa, importante y necesaria; la antítesis de cómo me veía yo: un ser insignificante.

—Por eso, querida Alicia, estoy muy contenta de verte florecer —concluyó, acariciando mi rodilla.

Un nudo abordó mi garganta, pero esta vez no fue provocado por el miedo, sino por una emoción que creía olvidada.

—Cuando salgas de aquí, no olvides explotar también tus poderes y acercarlos a las personas que te rodean.

—Es que yo soy cocinera…

—¿Y eso qué tiene que ver? —interrumpió de inmediato, extendiendo sus brazos en señal de discrepancia—. Si eres cocinera, actúa como si fueras la mejor, porque de ti depende que muchas personas puedan comer. Prepara cada plato con esmero, introduce nuevas recetas, fórmate, interésate por los demás, conoce sus gustos y preferencias. Está en ti considerarte una simple cocinera o una gran chef, disfrutar de lo que haces o que se convierta en un aburrimiento, que las horas pasen rápido o se eternicen, que tu labor sea un trabajo o un arte.

Me di cuenta de que hacía lo opuesto a lo que proponía. Aunque sus palabras sonaban convincentes, ¿cómo iba a considerar un arte lo que yo hacía? No podía creerme una gran chef en ese «bareto».

—Supongo que, en tu caso, es diferente, porque en tu profesión es más fácil sentirse realizada.

—Te equivocas —puntualizó—. Tengo compañeros que pasan a las habitaciones con la misma cara que salen, que actúan con frialdad, impasibles, sin empatía, como si no estuvieran tratando a enfermos, deseando únicamente terminar. No se trata de la profesión que desempeñes, sino de cómo la desempeñes y, para sentirte realizada, no hace falta salvar vidas en un sentido literal, del modo que lo podría hacer un cirujano o un científico, sino de tocarlas de alguna manera y mejorarlas desde tu posición, sea cual sea. Siempre puedes dejar huella en las personas que te rodean y marcar la diferencia.

—¿Cuál es esa diferencia? —cuestioné, sin entender a qué se refería.

—La que da sentido a nuestra vida —respondió con contundencia—. No es lo mismo creer que tu faena consiste en poner ladrillos, que ser consciente de que estás construyendo una casa, en la que una familia vivirá gracias a ti. Esa es la diferencia, experimentar satisfacción en lo que haces, teniendo la certeza de que es importante, algo que sirve y ayuda a los demás.

Existía un abismo entre la pasión que ella vertía y la apatía que a mí me invadía. Quizá tenía razón y el significado no se encontraba en la tarea realizada, sino en la forma de llevarla a cabo; es posible que considerarse útil fuera la llave para sentir la plenitud, pero analizaba mi propia vida, carente de esencia, y no veía posibilidad de dotarla de sentido, menos aún de ser provechosa para otros.

—Tengo que seguir visitando a mis plantas —indicó bromeando, impulsándose en el colchón para ponerse en pie—. Si tienes dudas, notas algún dolor o cualquier otra cosa que precises, puedes llamarme. ¿De acuerdo?

—De acuerdo —respondí.

Y se marchó, permaneciendo el desconcierto, porque su mensaje filtraba un amor que se escapaba de mi entendimiento; hablaba un idioma irreconocible para mí.

¿Qué amor puede contener alguien que odia lo que hace? ¿Cómo iba a tocar otras vidas si no era capaz ni de rozar la mía? ¿Cuál es el sentido de una existencia vacía?

Capítulo V

Las pruebas de imagen corroboraron que mi cerebro no había sufrido daño, lo que me permitió despedirme del hospital en cuarenta y ocho horas, tal y como el médico estimó, con la prescripción de una pauta de medicación. También me proporcionaron una extensa lista de recomendaciones, aunque centré mi atención en la que más me sedujo: reposo.

Haciendo balance, después de todo, no había sido tan terrible; regresaba a casa ilesa y con unos días de «vacaciones».

Nada más cruzar la puerta de entrada de mi añorado hogar, recibí la llamada de mi jefe, como si alguien le hubiese avisado de que ya estaba disponible. Solamente con ver su nombre en la pantalla del teléfono, un agitado hormigueo importunó mi paz.

Me debatí entre cogerlo o dejarlo sonar hasta que la llamada finalizara. Debía hablar con él para notificarle que estaría de baja hasta la siguiente revisión médica, pero no me apetecía escuchar su voz. Aunque siempre era mejor que verlo porque, al menos, a través del teléfono no percibiría su aliento.

Estaba segura de que lo único que le interesaría saber de mí era cuándo iba a volver al bar, recordarme que la cocina me estaba esperando.

Cuanto antes me quite esta conversación, antes descanso, reflexioné, y decidí finalmente contestar.

—Hola, Matías —pronuncié al descolgar, tratando de conferirle formalidad a mi voz.

—¿Cómo te encuentras, Alicia? ¿Ya estás en casa?

Tal y como me figuraba, saber si había salido del hospital y me encontraba apta para trabajar parecía su verdadero interés.

—Sí, pero el médico me ha indicado que debo guardar reposo —advertí directamente, anticipándole una noticia que truncaría su conveniencia.

—¡Por supuesto! —exclamó—. Tómate el tiempo que necesites, lo importante ahora eres tú.

«¡¿Cómo?!», explotó en mi sesera con letras gigantes.

—Por eso no te preocupes, está claro que vamos a notar tu ausencia, aunque eso es lo de menos, nos apañaremos. —Continuó exponiendo… y yo alucinando.

¿Estaba hablando con la misma persona que, hacía unos días, me había despedido?

—Bueno, no te molesto más; espero que te recuperes pronto —añadió.

—Gracias. —Fue la única palabra que se me ocurrió decir en medio de una notable perplejidad, que aumentó drásticamente al escuchar una inesperada segunda parte.

—Te paso con otra persona que te quiere saludar —enunció, cambiando el teléfono de interlocutor.

—¿Qué tal, bonita? —De no ser por el acento latino y la ternura de su voz, no habría creído que se tratara de ella.

—Hola, Gabriela.

—Me alegra saber que ya salió del sanatorio, recé mucho por usted.

«¡¿Qué?!». En esta ocasión el letrero se iluminó en mi cabeza a modo de neón.

Me habría cuadrado más que rezara para que no saliera, después de mi despectivo trato hacia ella durante el tiempo que habíamos estado juntas.

—Un beso fuerte y mucho ánimo. —Fue su frase de despedida.

¿Realmente era cierto lo que decían o estaban actuando? Pero... ¿qué necesidad tenían de actuar?

Quedé pensativa, tratando de entender por qué Gabriela no me guardaba rencor, mereciéndolo; sin embargo, yo a ella sí le había profesado una especial aversión sin que me hubiera hecho nada, únicamente por haber desplegado un conjunto de cualidades que yo no poseía. Quizá sea cierto que morir o enfermar es la vía más rápida para que te conviertan en buena persona sin serlo.

Me adentré en el salón y me dejé caer en el sofá. Después de dos días postrada, con nula actividad, de forma incomprensible me apetecía más de lo mismo.

Saqué del bolso el informe médico, revisando las indicaciones a seguir. Prácticamente reflejaban todo lo contrario a lo que solía hacer. No podía transformarme en otra persona de un día para otro, aunque tampoco convenía continuar de la misma manera. El médico me había alertado del elevado riesgo que tenía de sufrir un accidente cerebrovascular de mayor consideración en los siguientes días. Circunstancia que hubiera preferido desconocer, al menos hasta que volvieran a chequear mi cerebro.

Guardé de nuevo el informe. Al introducir la mano en el bolso, detecté un elemento familiar. Su inconfundible tacto no requería de visión para saber de qué se trataba. Solo con tocar el paquete de tabaco salivé como si me hubiera poseído el perro de Pavlov. Me moría de ganas de succionar un cigarro y dejarlo tieso en cuatro caladas. Preferí mantener la cajetilla en su sitio, porque si la tenía frente a mis ojos, la tentación sería insostenible.

No sabía cómo lo iba a hacer. Dejar de fumar era innegociable hasta que llegara la revisión y, para colmo, también me quedaba sin plan «b». Ni humos ni alcohol tenían cabida en esta nueva realidad, así que contaba únicamente con el plan «c»: la ingesta masiva de alimentos.

Si hacía caso a las propuestas del informe, la dieta no iba a ser demasiado apetecible, quizá no muriera de un ictus, pero sí de hambre. Por eso decidí flexibilizar este aspecto, restringiendo el consumo de sal y azúcar, pero equilibrando el resto de los nutrientes a mi antojo. Incluí alguna ensalada y verduras como complementos, aunque aderezados con otras viandas más copiosas, puesto que la eliminación de vicios y el exceso de tiempo libre habían hecho que mi apetito se volviera todavía más insaciable. Si bien invertí tiempo en preparar los platos, recurriendo al congelador con menor frecuencia, mi inactividad hizo que la cantidad de calorías aumentara y, aunque no me pesé, probablemente también el grosor de mi cuerpo.

Adaptándolas a mi estilo, más o menos seguí las instrucciones recibidas, a excepción de un pequeño cambio que introduje. El paseo diario recomendado lo sustituí por una extensa siesta. No entendía cómo podía estar cansada, pero realmente lo estaba, carecía de energía y la pereza era extrema. Lo del reposo, sin duda, lo llevaba a rajatabla, excediendo los límites.

Todo me suponía un gran esfuerzo, así que evitaba cualquier salida a la calle, salvo para ir al supermercado o bajar la basura. El resto del tiempo conservaba la clausura, con el pijama como traje oficial de la convalecencia.

Sin ocupación ni aficiones, las horas se hacían interminables. Si antes ya me sobraban horas, tras añadir ocho más para derrochar, al prescindir de la jornada laboral, parecía que la Tierra hubiera ralentizado su velocidad de rotación. Podría haber aprovechado para leer, pintar un cuadro, hacer una manualidad o aprender algo. Sin embargo, todo lo que requería un mínimo de acción me fatigaba tan solo con imaginarlo.

No me gustaba ser un parásito, aunque tampoco tenía fuerzas para dejar de serlo. Dilapidaba el tiempo durmiendo, comiendo o, con mi único entretenimiento, sumergiéndome en otras vidas a través de la pantalla del móvil.

Casualmente, en uno de esos periodos de inmersión en redes sociales, el algoritmo me sugirió una cuenta inesperada que despertó mi curiosidad. Accedí a su perfil para cotillear.

Las primeras fotos que visualicé provocaron el escozor de la envidia, al observar a Gabriela posar en biquini, exhibiendo una silueta tan perfecta que me resultaba insultante.

Debería estar prohibido tener ese tipazo, mascullé. Sin embargo, lo que más me empalagaba no era su cuerpo, sino su inmensa sonrisa, que parecía contener más dientes que la del resto de los humanos.

¿Por qué siempre estaba sonriente? No me creía que el chiste fuera tan bueno. ¿Cómo era posible esa felicidad inmutable? ¿Acaso no existían días malos para ella?

Seguí indagando y llegué a una reciente publicación que demostraba que, al igual que el resto, no se escapaba de esos días oscuros. Era la foto de un chico joven, también risueño, que compartía un evidente parecido facial con ella. Descendí mi dedo hasta los comentarios, comprobando, con asombro, que le estaban dando el pésame. Se trataba de su hermano; había fallecido hacía unas semanas.

Ni siquiera me había enterado, estuve trabajando junto a Gabriela un día después del entierro y no percibí nada diferente en su comportamiento. Prosiguió desempeñando su tarea con el mismo talante de siempre, ocultando con su brillante luz el dolor que, indudablemente, ensombrecería su corazón.

Haciendo un esfuerzo por rescatar los acontecimientos, rememoré una acción que, en ese momento, no entendí ni me preocupé por entenderla. Ese día, desde el fondo de la barra observé cómo Matías y Marcelo la abrazaban cuando entró al bar. Lo único que interpreté fue que había faltado el día anterior y, encima, la recibían con los brazos abiertos, sintiendo una injustificada frustración por un trato desigual.

No me interesé por el motivo de ese abrazo, no le pregunté por su ausencia, no me importó conocer si se encontraba bien. En mi egocéntrico universo los demás no existían. Creía que era la única persona que soportaba adversidades, como si el firmamento conspirara solo contra mí.

De un modo sorprendente, apareció en mí un interés que no iba destinado puramente a juzgar, sino a descubrir a una persona con la que llevaba trabajando dos años y continuaba siendo una auténtica desconocida. Durante ese intervalo, compartiendo espacio, podría haber conversado alguna vez con ella en lugar de brindarle mis broncas; podría haber tratado de profundizar más allá de su exterior. En cambio, paradójicamente desde la distancia, me dedicaba a explorar lo que mis ojos se negaron a ver cuando se hallaba delante.

Su perfil me desveló que procedía de Honduras, donde residía su familia, incluido un hijo de apenas tres años, que permanecía allí con sus abuelos. A pesar de mi disfuncional capacidad empática, pude hacerme una idea de lo duro que debía de ser estar a miles de kilómetros de su tesoro más preciado. Me di cuenta de que las circunstancias no están conectadas con la actitud. Una sonrisa no significaba que todo fuera perfecto ni un ceño fruncido que todo fuera horrible. Quizá estaba equivocada y la ingenua no era ella, por mantener calma y compostura en situaciones adversas. Tal vez, la verdadera ingenuidad anidaba en mí, por vivir sumida en la amargura en cualquier situación.

La batería del móvil se estaba agotando y decidí concluir la sesión. Me dirigí al baño con la intención de concederme un pequeño lujo del que pocas veces había disfrutado aun siendo bastante factible. Abrí el grifo del agua caliente y dejé que la bañera se llenara. Me despojé del pijama y entré con cuidado, extendiéndome hasta ocupar toda la superficie. Apoyé la cabeza en el borde del receptáculo y me sumergí, consintiendo que el agua acariciara mi nuca.

Cerré los ojos y obtuve unos minutos de relajación en los que la actividad mental se interrumpió, logrando una paz efímera, hasta que la impertinente vocecilla, que vivía conmigo día y noche, reapareció con su abrumadora agitación para mostrarme su aversión al placer, luchando contra cualquier instante que lo proporcionara.

«¿Qué haces ahí tan tranquila?», me increpó.

Logré contener su impaciencia quince minutos. A pesar de ello, se las apañó para convencerme de que solo estaba tirando el tiempo, sin percatarse de que esa era mi principal afición.

Salí de la bañera y me sequé con una toalla que había dejado preparada sobre el lavabo. Cuando me acerqué a cogerla, el espejo reclamó mi presencia. Traté de ignorarlo desviando la mirada, pero se encontraba demasiado cerca para sortearlo.

Volví a contemplar mi cuerpo desnudo, desvelando la contradicción en el reflejo: por un lado, detestaba la imagen atisbada y, al mismo tiempo, la contemplaba con detenimiento.

Esta vez me enfoqué en el rostro. Al igual que le pasaba a mi madre conmigo, examinaba a la persona que tenía delante y tampoco la reconocía. Me habían ensanchado las mejillas, mi cuello estaba envuelto con una prominente papada y algunas arrugas comenzaban a asomar. En cambio, lo que me hacía irreconocible era la expresión de mi semblante. Nada tenía que ver con el que identificaba en fotos de antaño, como si un cirujano lo hubiera modificado y no quedara nada del que fue, como si me hubieran puesto las facciones de una persona distinta. Seguramente, porque yo era otra y mi rostro se había adaptado, exteriorizando lo que el interior le dictaba.

Observando a ese extraño ser frente a mí, solo pude otorgarle la razón a Cicerón: el rostro se había convertido en el espejo de mi alma. Un rostro que reflejaba resentimiento, amargura, rabia…, vacío. Una ingente vacuidad insulsa era el estado que mejor me definía.

Me desagradaba lo que veía, aunque no sabía cómo transformarlo, cómo recuperar mi antiguo rostro, mi antigua alma.

Después de secarme volví a enfundarme el pijama y regresé al sofá. Cogí de nuevo el móvil, al que apenas le quedaba un dos por ciento de batería. Era suficiente para, al fin, hacer algo provechoso con él.

Busqué su contacto en la agenda y, milagrosamente, pensé en alguien que no era yo. No sabía cómo comenzar el mensaje, no obstante, el argumento era sencillo. La resistencia no se emplazaba en el contenido, sino en mi dificultad para expresarlo.

Escribí un texto largo, borrándolo al releerlo, ruborizada por volcar demasiado sentimiento. Lo reescribí, dejándolo breve y conciso: *Hola, Gabriela, me he enterado del fallecimiento de tu hermano. Es una pena, lo siento mucho.*

Sopesándolo, con una instintiva oposición que me frenaba, le di a enviar. Liberar afecto constituía un reto para mí. Aun así, apretar un botón era más fácil que lanzar palabras al aire.

Después de hacerlo me fui a mi habitación. Enchufé el teléfono al cargador, posándolo en la mesita. En ese instante, una tenue luz de color azul se encendió, notificando un nuevo mensaje.

Gracias, Alicia. Me ha hecho mucha ilusión que me escribas. Lo agradezco de corazón. Te envío un beso enorme.

Esa escueta misiva, ese pequeño gesto, no solo había llegado a otra persona, también se quedó dentro de mí, aportándome una sensación de bienestar que creía extinta.

Apagué la lámpara y me tendí en la cama esperando su aparición, aprovechando que la oscuridad reinaba. Sin embargo, esa noche, después de muchas noches, la ansiedad se olvidó de mí, me confirió un respiro, permitiéndome dormir aliviada.

Capítulo VI

Los días transcurrieron con la lentitud que les imprimía el ritmo de mi trivial actividad. Desde luego, me había tomado en serio el descanso y prácticamente no había hecho otra cosa durante mi ingreso domiciliario.

Había llegado el momento de regresar al hospital y efectuarme las pertinentes neuroimágenes para verificar que no había ninguna perniciosa novedad. No había notado síntomas llamativos ni señales de alarma; aun así, lo que pudieran revelar esas pruebas me generaba inquietud.

Finalizado el proceso, abandoné aquel lugar, difiriendo el retorno hasta que llegara la cita con el doctor Salgado, que determinaría los resultados.

A pesar de que mi única pretensión era aislarme en casa, partí en dirección a la residencia. Había llamado con frecuencia para preguntar por ella, no obstante, desde el incidente, no había vuelto a visitar a mi madre. Por tanto, recuperé el contacto con el bello jardín de ensueño, precediendo a la lúgubre puerta que conducía a esa función inmutable.

—¡Qué alegría verte por aquí! —exclamó Alfonso—. ¿Ya estás recuperada?

—No del todo, pero voy mejor. —Inventé la respuesta, puesto que seguía siendo incierta.

—Me alegro mucho —comentó—. Acompáñame, te llevo con ella.

No necesitaba seguirlo para conocer su ubicación. Se encontraba en el acostumbrado sitio, con la mirada atrapada en el horizonte de la ventana.

—Hola, mamá —pronuncié, reclamando su atención.

Sus ojos dejaron de lado el ventanal, rotando hacia mí.

—Hola, hija —respondió con voz débil.

Dudaba que me hubiera reconocido, seguramente me había devuelto el saludo conectando el hilo de parentesco iniciado por mí. Aun así, me sorprendió que me llamara «hija». Un término rara vez usado, incluso cuando su mente estaba sana.

Me senté a su lado y sucedió un nuevo hecho inesperado. Se inclinó hacia mí, apoyó su cabeza en mi hombro y cogió mi mano, acariciando el envés de esta con sus dedos. Un gesto que tenía que remontarme a mi niñez para evocarlo.

Permanecí silente para no interrumpir el inédito pasaje, consintiendo el roce de su piel, notando un calor que tantas veces había demandado. Un instante perfecto que se vio truncado por la que últimamente era la pregunta estrella.

—¿Lo has visto?

—Nooo —respondí con hastío, separando mi cuerpo.

El sosiego se interrumpió. La eventual muestra de cariño fue tan breve como siempre lo había sido.

—No habrá podido venir hoy —afirmó Amparo—. A lo mejor mañana.

—Mamá, no va a venir ningún novio a verte —indiqué con un tono firme, manteniendo la mesura para no elevar la voz.

—¿Cómo que no? —sondeó—. Si me dijo que vendría.

—Deja eso ya, por favor —solicité—. Me pone nerviosa ese tema.

Cumplió mi mandato y giró el cuello noventa grados para devolver su atención a lo que acaecía tras el cristal.

Quise desvelar el misterio que escondía la ventana y me levanté para ver cuál era la escena que le resultaba tan atrayente, pero solo distinguí un tejado, nada más, un simple tejado desgastado y sucio. Me di cuenta de que sus ojos se movían de un lado a otro, pareciendo que visionaba un partido de tenis. Traté de seguir la dirección de sus pupilas, identificando, en la cúspide de la techumbre, a un pajarillo que saltaba de teja en teja, ajeno a la fascinación que su presencia causaba.

De pronto, el pájaro meneó las alas velozmente, iniciando el vuelo, alejándose y logrando redimir a mi madre del profundo embelesamiento.

—Bueno, mamá, tengo que irme —mentí—. Vendré pronto.

—¿Ya te vas? —tanteó afligida.

—Sí, pero no te preocupes, que no tardaré en volver.

Y, con el reglado beso en la frente, me despedí hasta la siguiente cita, como si hubiera acudido a otra consulta médica.

A la salida, volví a cruzarme con Alfonso y aproveché para esclarecer esa recurrente pregunta.

—¿A ti mi madre te ha hablado alguna vez sobre un novio?

Alfonso soltó una risotada que me descolocó; no entendía la gracia.

—Sí, a menudo —afirmó.

—¿Y qué crees que significa? ¿A quién se refiere? —Perseguí conocer el motivo.

—Tu madre tiene alzhéimer, Alicia —contestó, adoptando un tono más serio—. Esta enfermedad afecta gravemente a la memoria a corto plazo, borrando cualquier recuerdo reciente, a veces en cuestión de minutos. Sin embargo, la memoria a largo plazo, aunque también sufre daño, es más resistente. Por eso, es posible que se trate de alguien del pasado, lo que ocurre es que, al estar su percepción temporal alterada, tiene dificultades para distinguir en qué tiempo se encuentra. Por esta razón, a veces cree estar viviendo ese pasado y esto hace que pueda hablar de hechos, que pertenecerían a otra época, y de personas que ya no están, como si todavía existieran y formaran parte de su vida cotidiana.

—Sí, de eso me he dado cuenta. Se inventa cosas que no han ocurrido.

—No se las inventa —rectificó Alfonso—. Está convencida de que suceden. No la contradigas ni trates de persuadirla de lo contrario, porque para ella es igual que si a ti te digo que es mentira que estamos conversando ahora mismo.

Su advertencia chocaba con mi modus operandi habitual, desmintiendo siempre sus difusas historias, intentando arrancarlas categóricamente de su cabeza, enfadándome incluso, cuando ella persistía en lo que yo consideraba una obstinación irracional.

—Su fantasioso mundo no es muy diferente del tuyo o del mío —añadió Alfonso, dejándome confusa—. Al fin y al cabo, todos construimos nuestra propia realidad basándonos en suposiciones, percepciones y formas de interpretar lo que acontece. En su mundo hay un novio que no existe y en el nuestro hay miedos, limitaciones o preocupaciones que tampoco existen…, pero los creemos igualmente.

Procesé el mensaje, discerniendo certeza en sus argumentos. Si hacía autocrítica, mi realidad también poseía un componente de invención.

—Y también nosotros vivimos con frecuencia en el pasado, utilizándolo a modo de refugio o de ancla —prosiguió—. Si nos gusta, nos decantamos por el refugio, añorando aquello que echamos de menos; si el pasado es doloroso, entonces desempeña la función de ancla, sufriendo perpetuamente por lo que pasó o no pasó, por lo que hicimos o no hicimos, conduciéndonos, en ambos casos, a la infelicidad.

Reflexionando sobre esa consideración, encontré que yo compartía un poco de refugio y mucho de ancla. Mi pasado era un foco de sufrimiento, rencor y el pretexto al que recurría para justificar mi insustancial presente. Sin embargo, al mismo tiempo, también sentía nostalgia de la primigenia Alicia, que se perdió en el camino.

—Carecemos de diagnóstico clínico, aunque nuestra mente, a menudo, se encuentra distorsionada —sentenció—. La diferencia fundamental es que tu madre no puede transformar su realidad voluntariamente, ella no tiene la capacidad para ejercer control mental. En cambio, nosotros sí podemos y, muchas veces, no lo hacemos. Al final, no poder o poder y no hacerlo, en la práctica, son idénticos. ¿De qué sirve estar sano y comportarte como un enfermo? Es lo mismo que ser inteligente y actuar como un idiota —estableció el símil.

Me quedé callada con la mirada apuntando al suelo, porque parecía que me estaba poniendo de ejemplo.

—Puedes conseguir mejorar tu realidad y la suya —afirmó Alfonso, levantando mis dudas.

—¿La suya? —cuestioné extrañada, puesto que no sabía ni por dónde empezar con la mía—. ¿Cómo?

—Acompañándola —reveló—. No se trata de llevarla a tu terreno, sino de aceptar el que pisa ella, orientando sus recuerdos. Con independencia de que se encuentre asustada, alegre o triste, puedes permanecer a su lado haciendo de guía y, cuando esté inventando una historia, tienes la posibilidad de ayudarla a embellecer esa historia.

Quizá tenía razón y la realidad de mi madre era igual de válida que la mía; tal vez era hora de dejar de luchar contra lo que no comprendía y simplemente adentrarme en su mundo.

Mientras asimilaba la información recibida, en el instante en el que estaba a punto de cerrar el asunto y despedirme de Alfonso, establecí la conexión, activando una poderosa premonición.

—Me has dicho que el novio del que habla puede ser alguien de su pasado, ¿verdad? —busqué su confirmación.

—Sí, será algún hombre al que Amparo amó, o puede que se trate de...

—Vuelvo enseguida —indiqué, dejándolo con la explicación incompleta.

Retrocedí al punto de partida con presteza, situándome de nuevo delante de mi madre. Saqué del bolso mi monedero, abrí la cremallera y, de un pequeño bolsillo, extraje una fotografía arrugada. Se la mostré, esperando a que enfocara lo suficiente para identificarlo.

—¡Es él! —pronunció entusiasmada al cabo de unos segundos.

—¿Quién? —pregunté para asegurarme.

—No caigo en cómo se llama, pero es él —repitió.

—¿Enrique? —indagué, facilitándole el recuerdo.

—¡Sí! —gritó—. Enrique, mi novio.

Esa declaración me molestó, no solo porque tuviera más peso en su cerebro que yo, también por que se acordara de él en este momento, con su memoria turbada, después de mantenerlo en el olvido durante tantos años. Sumergirme en su mundo significaba sumergirme también en el mío…, y no era algo que me sedujera.

¿Por qué ahora?, me pregunté.

Enrique era mi padre y, si hubo una persona que lo amó, no fue ella, sino yo.

Me marché sin más dilación, sin querer ahondar más. No me interesaba saber el incoherente relato que había creado; demasiado tarde para rescatarlo de su memoria, era preferible que siguiera solo en la mía.

Arranqué el coche, realizando el trayecto de regreso a casa. Inexplicablemente, no me apetecía encerrarme, deseaba que me diera un poco el aire. Estaba aturdida, revoloteando en mi mollera un enjambre de recuerdos, una interminable secuencia que removía un conflicto emocional, siempre latente, que se avivaba con los años en lugar de diluirse.

Alfonso estaba en lo cierto y el pasado dominaba mi existencia. Aunque pasó por alto un detalle: mi historia no era ficticia, como la de mi madre, sino real e inalterable. No podía transformarla ni inventar otro final.

Nada más aparcar, abandoné el garaje y caminé sin rumbo por mi vecindario; algo insólito, ya que solo callejeaba con un destino fijado y por obligación. Sentía una urgencia de escapar, pero resultaba difícil hacerlo sin conocer dónde se encontraba la salida. Tuve la sensación de estar atrapada en un laberinto, dando vueltas y vueltas para regresar siempre al mismo sitio.

Sustituí las paredes de mi apartamento por un cercano parque que llevaba años sin pisar, posiblemente desde que dejara de jugar en sus columpios. Recorrí el sendero principal, flanqueado por pinos y curvados arbustos que se arqueaban sobre el camino. El aire fresco que anhelaba apenas alcanzaba mis pulmones; una opresiva sensación de ahogo parecía estrechar el espacio a mi paso.

Al divisar un banco libre, me desvié aproximándome hasta él, desesperada por sentarme, persiguiendo la escapatoria de la única manera que conocía. Coloqué el bolso entre mis piernas y rebusqué el componente paliativo que continuaba en su interior. Llevaba una semana de abstinencia, podía ser la ocasión perfecta para acabar con ese nocivo vicio, pero la vocecilla interna me ayudó a elegir: «La ansiedad que te está generando aguantarte, seguramente sea peor que un cigarrillo».

Introduje la mano en el bolso y, al rozar el paquete con mis dedos, la necesidad se volvió irrefrenable. *Me fumo uno y ya.* Accedí al deseo, consciente de que mi promesa tambaleaba tanto como mi pulso.

Acerqué el cigarro a mis labios y lo encendí con apremio, ansiosa por saborearlo. Aspiré con toda mi fuerza, viendo cómo la punta se iluminaba con un vivo brillo. Contuve el humo unos segundos, pretendiendo que ejerciera un efecto restaurador y, seguidamente, me vacié con un extenso suspiro.

«Mucho mejor», decretó la voz.

Apoyé mi espalda en el respaldo del banco y estiré las piernas, consiguiendo una relajación que pronto sería interrumpida. Observé a un hombre, de complexión fuerte, que aparentaba unos sesenta años. Su cara me resultó conocida, aunque no sabía de qué. Ante mi sorpresa, comprobé que caminaba hacia mí, vislumbrando su rostro cada vez más familiar conforme se acercaba.

Llegó hasta el mismo banco donde me encontraba y, directamente, se sentó a mi lado.

—¿Qué tal, Alicia? —disparó, acrecentando mi desconcierto.

¿Por qué sabía mi nombre?, me pregunté.

—Bien —respondí.

—¿Me conoces?

—No estoy segura.

—Nos vimos en el bar, el día que te llevaron al hospital.

Volví a revisar su rostro, hallando la inspiración en su frondosa barba blanca.

—¡Ya sé quién eres! —confirmé—. Tú estabas allí, tú me ayudaste.

—Solo llamé a la ambulancia para que te atendieran —indicó.

—Muchísimas gracias. Posiblemente me salvaste la vida —expresé, mostrando mi gratitud.

—¿Y ha servido de algo?

—Claro —respondí tímidamente, sin comprender la pregunta.

—Fue un ictus, ¿verdad?

—Sí, por suerte, leve —respondí—. Un susto.

—Pues no parece que te hayas asustado —contestó, con una seriedad intimidante.

—¿Por qué lo dices? —tanteé inocentemente.

—¿Tú qué crees? —Devolvió la pregunta, señalando el cigarro que sostenía entre mis dedos.

—Bueno, ha sido solo uno para calmar la ansiedad. —Me justifiqué.

—Una vez más y lo dejo, ¿no? —insinuó, adivinando mi intención—. Eso dicen todos: el infiel, el alcohólico, el ludópata… Engañarte es gratuito, pero la única forma de dejar definitivamente algo es que no haya una vez más.

—Llevo una semana sin fumar, no creo que sea tan grave un cigarrillo puntual —argumenté en mi defensa.

—¿Tú crees?

Opté por evitar el debate. Arrojé la colilla al suelo, aplastándola con la suela de mi zapato.

—Ya está, asunto zanjado —pronuncié.

El hombre no se inmutó.

—Me tengo que marchar —anunció de repente, y se levantó del banco—. ¿Podemos vernos el próximo lunes? Me gustaría enseñarte algo importante para ti.

No entendía de qué estaba hablando ni qué podía mostrarme que me pudiera interesar.

—No puedo, tengo consulta con el médico.

—Perfecto. Entonces ¿el martes?, ¿el miércoles? Elige el día que quieras, no es urgente.

—No voy a poder, lo siento —señalé sin darle más explicaciones.

Que me hubiera ayudado no implicaba hacerme su amiga.

—¿Qué opinas si lo echamos a suertes? —propuso, sacando de su bolsillo una moneda—. Si sale cruz no nos vemos más; si sale cara, me permites que te enseñe algo que no imaginas.

Quedé pensativa, valorando la díscola oferta. Él interpretó mi silencio como una aprobación, ya que lanzó la moneda al aire sin previo aviso, recogiéndola en su mano cuando descendió.

—Ha salido cara —informó sonriente, extendiendo su palma para que pudiera comprobar el resultado.

No supe qué decirle ni qué excusa poner. Me sentía presionada con su insistencia y acepté finalmente sin convicción, sin tener claro si cumpliría lo pactado.

—Está bien, el martes por la mañana —ratifiqué la convocatoria.

—Genial, te esperaré en este mismo banco —notificó, iniciando su retirada.

—Por cierto, ¿cómo te llamas? —interrumpí su marcha.

—Me llamo Samin —contestó, girando levemente el torso.

—¿Samin? —Quise asegurarme de que lo había escuchado bien, extrañada por la rareza del nombre.

—Así es —confirmó, continuando su avance.

Permanecí sentada, observando cómo se alejaba hasta que se fundió con la vegetación y perdí de vista su misteriosa figura. Numerosos interrogantes envolvían el extravagante encuentro con ese hombre que me dejó totalmente desconcertada, sopesando cuál sería ese enigma que debía mostrarme.

Capítulo VII

A las seis de la tarde del lunes estaba sentada en la sala de espera, aguardando mi turno para ser atendida. Antes de lo previsto, el número que tenía asignado lució en la pantalla y me dirigí al consultorio del doctor Salgado.

—¿Qué tal, Alicia? —preguntó con cordialidad—. ¿Te encuentras bien?

—De momento, sí.

—Pues eso es lo importante —matizó con una ligera inclinación de cabeza—. Te voy a dar buenas noticias, porque todas las pruebas que te hicimos han sido favorables.

Noté que un peso enorme se esfumaba de mis hombros.

—¿Eso significa que estoy curada? —traté de verificar, aún cautelosa.

—Tal y como has dicho antes: de momento, sí. Tienes que seguir con la medicación y con las pautas prescritas —indicó mientras redactaba el informe—. Te volveré a ver dentro de quince días. Estarás de baja hasta entonces, aunque ya puedes empezar a hacer vida normal —concluyó.

Respetando su consejo, ese día continué con mi vida normal, cercada por mis cuatro paredes y practicando el sedentarismo.

Tenía un motivo sustancial para sentir gratitud, para estar contenta, porque, por una vez, las cosas habían salido mejor de lo esperado. Mi interminable mala racha parecía haberme concedido un paréntesis, otorgándome una liviana sensación triunfal que apenas duró unas horas. Mi voz interna no tardó en intervenir con nuevos pretextos que desmoronaron cualquier rastro de optimismo: «Tienes treinta y cuatro años y estás acabada, ¿has pensado en solicitar plaza en la residencia de tu madre? ¿Qué harás cuando termine la baja? Recuerda que no tienes trabajo».

Ni siquiera una tarde que se presuponía plácida, después del veredicto del médico, me libraba del implacable murmullo derrotista. La incesante evaluación y las exigencias me seguían persiguiendo, a pesar de que no hubiera nadie a mi lado. Mi mente se encargaba de ello, más insistente y cruel que cualquier voz ajena.

Bastaban segundos para que la calma se disolviera y el miedo tomara el control, manejándome como una marioneta de la manera que él sabía, desde aquel día que descubrió la forma de manipular mis hilos.

La madrugada progresaba y continuaba repantigada en el sofá. No me apetecía irme a la cama, pero sí estar dormida. Suspiraba por conciliar el sueño con la facilidad de un bebé, por tumbarme y desconectar sin necesidad de atravesar la tormentosa fase previa donde los pensamientos se desbordaban reproduciéndose a un ritmo frenético.

En medio del torbellino irracional en el que estaba inmersa, recordé algo que casi había olvidado: al día siguiente tenía una cita con ese hombre de nombre extraño.

«¿Para qué vas a ir?, pudiendo quedarte tranquila en casa», sugirió la voz, despreciando todo lo que sonara a novedad.

No me apetecía ver a nadie, menos a un desconocido con el que solo había compartido unos minutos de conversación y que, francamente, me pareció un tipo bastante peculiar. Por otro lado, sentía curiosidad por desvelar el propósito de esa reunión.

¿Sería cierto que tenía algo interesante que ofrecerme? Nada más verme, me llamó por mi nombre…, ¿acaso me conocía de antes?

El momento especulativo logró desviar la atención del miedo. Mientras me entretenía formulando hipótesis, empecé a reclinarme poco a poco, consintiendo una lenta rendición en la que finalmente mi oreja se entregó al cómodo brazo del sofá y me invadió una modorra que me permitió dormitar, hasta que la luz, filtrándose por la ventana del salón, me anunció que un nuevo día comenzaba y reactivó mi mente, haciéndole retomar el último tema con el que se había despedido.

Primero descarté acudir. Sin embargo, había un matiz que me disuadía de hacer lo que me apetecía: aunque lo mío no era ponerme en el lugar del otro, me sabía bastante mal dejar plantada a la persona que me había salvado. Y esa fue la razón que me impulsó a movilizarme.

Me desplacé hasta el contiguo parque, dirigiéndome al banco donde había mantenido el encuentro y comprobé que estaba vacío. No habíamos fijado una hora concreta, lo que reducía las expectativas de juntarnos, sobre todo porque no quería invertir la mañana en una espera incierta. Decidí concederle veinte minutos y, si no aparecía, me iría con la conciencia tranquila, sabiendo que, por mi parte, había cumplido con lo acordado.

Como si estuviera espiándome y, desde la distancia, me hubiera visto llegar, emergió de forma imperceptible, sorprendiéndome por la espalda.

—Buenos días —pronunció Samin, provocándome un marcado sobresalto al no haber identificado su procedencia.

Después de saludarlo hice ademán de sentarme en el banco.

—No te sientes —ordenó—. Lo que quiero enseñarte se encuentra a unos pocos minutos andando.

—Pero ¿adónde vamos? —inquirí intrigada.

—No te impacientes, Alicia, pronto lo sabrás —musitó con una calma que me hizo acompañarlo sin protestar, dejándome guiar.

—¿Qué tal en el médico? —preguntó Samin mientras caminábamos.

—Me ha dicho que han salido las pruebas bien.

—Eso es fantástico —indicó—. ¿Y qué vas a hacer ahora?

La pregunta me desconcertó. ¿Debía hacer algo diferente?

—No sé, lo de siempre —espeté.

Samin no hizo ninguna objeción, aunque meneó repetidas veces la cabeza en un gesto de desaprobación, tan evidente, que no pude evitar preguntarle.

—¿Qué quieres que haga?

Samin se detuvo.

—Nos acordamos eternamente de las oportunidades perdidas, pero solemos olvidar con rapidez las oportunidades ganadas.

—¿Oportunidades ganadas? —repetí, sin distinguir a qué se refería.

—Lo que se nos escapó permanece siempre en el recuerdo, lamentándonos por ello. En cambio, cuando conservamos algo que fue susceptible de perderse, generalmente pasa desapercibido y, en poco tiempo, dejamos de prestarle atención —reanudó la explicación, incrementando mi grado de confusión.

—¿Como qué? —quise averiguar.

—Casi todo se puede perder, es más, aunque no seas capaz de percibirlo, si pusieras en una balanza lo que tienes y lo que deseas, pesaría más lo primero.

No me convencieron sus palabras.

—De hecho, en el sitio al que vamos todos te envidiarán —añadió.

—Imposible, ¿cómo me van a envidiar a mí?

—Porque tienes algo que ellos no —contestó Samin—. Vamos a seguir, estamos llegando.

Avanzamos por una pista asfaltada hasta plantarnos frente a un inconfundible recinto, al que no hacía falta acceder para conocer lo que contenía.

—¿En serio me has traído al cementerio? —increpé alucinada—. ¿Me vas a hacer un *tour* guiado? —agregué con ironía.

—Justo eso —confirmó—. Es uno de los lugares más interesantes que conozco, donde descansan talento, ideas, planes, promesas…

—Será mejor que me marche —corté, incómoda—. Todavía no me ha llegado el momento de estar aquí.

—La tragedia no radica en estar aquí, todos vendremos antes o después, sino en morir antes de llegar aquí —lanzó una misiva parcialmente comprendida—. Conocer esa verdad, que muchos ignoran, te ayudará a orientar el rumbo y a elegir lo que te conviene.

—¡Ah! ¡Ahora caigo! Este rollo es porque el otro día me viste fumando un cigarrillo, ¿no es así? —expuse, dilucidando el motivo.

—Veo que sigues sin entenderlo —aseveró Samin, negando con la cabeza—. El problema no es ese cigarrillo que te fumaste, sino los que seguirás fumando, las conductas que repetirás y la actitud que no cambiarás.

—A lo mejor el que no lo entiende eres tú —rebatí, irritada—. A veces es cuestión de suerte, hay mucha gente que no se cuida y no le pasa nada —argumenté, soslayando su advertencia.

—Cierto —admitió Samin—. También hay gente que roba o trafica y no la pillan, pero ese no es tu caso, porque a ti ya te han pillado. A partir de ahora tienes antecedentes y, si continúas de la misma manera, volverá a ocurrir, aunque la condena no la cumplirás en la cárcel, sino en este lugar, engrosando el listado de sueños.

—¿Qué sueños? —pregunté sin saber por dónde iban los tiros.

—El principal arrepentimiento que tienen las personas cercanas a la muerte reside en no haber tenido la valentía de perseguir sus sueños, por eso este lugar está repleto de sueños… incumplidos.

—Eso no me preocupa, yo no sé lo que es soñar —revelé.

—Todos soñamos, al menos en la niñez. Cuando nos hacemos adultos, solemos cambiar los cuentos de hadas por cuentos chinos y los sueños de éxito por los temores de fracaso —explicó—. Pero tú conoces la música que llevas dentro, otra cosa es que la escuches.

Mi cuerpo se estremeció con esa afirmación; parecía que hubiera desnudado mi mente.

—Vamos a dar un paseo por el interior —propuso.

—No sé si es buena idea.

—Te prometo que será breve —afirmó, traspasando el umbral que cambiaba de dimensión.

Sin convicción, lo acompañé, avanzando despacio, con suaves pisadas, como si no quisiera molestar.

—Creemos que viviremos hasta los noventa años, o tal vez hasta los cien, una vida longeva en la que siempre tendremos tiempo —comentó mientras nos adentrábamos por la calle principal del cementerio—. Si te fijas en las fechas de nacimiento de las lápidas, observarás la evidencia.

En efecto, estaban reflejadas todas las edades.

—Las personas que habitan este lugar no contaron con su oportunidad ganada, o, puede que sí, pero la desperdiciaron —siguió relatando.

—En cualquier caso, sigo sin saber qué es lo que debo ver en un cementerio —señalé, comenzando a impacientarme.

—Que tú pudiste ser una habitante más —aclaró tajante—. Y no te quepa duda de que, si desaprovechas la oportunidad que la vida te ha concedido, pronto serás la inquilina de uno de esos nichos.

Esa contestación me silenció de inmediato.

—Lo bueno de tener delante una oportunidad ganada es que puede convertirse en un regalo —indicó.

—Espera un momento, ¿me estás diciendo que haber sufrido un ictus con menos de cuarenta años es un regalo?

—Lo que te pudo matar es también lo que te puede salvar. El regalo no fue el ictus, sino haberlo superado y estar ahora en este sitio solamente de visita. Esa situación te coloca enfrente de una bifurcación donde se encuentran dos valles: el de la destrucción y el de la redención… Solo tú puedes elegir cuál quieres recorrer.

Empecé a abrumarme y a sentirme presionada. No soportaba decidir ni que me hicieran darme cuenta de aspectos que prefería ignorar.

—¿Y qué puedo hacer? —reclamé explicaciones, en busca de una respuesta que seguramente no me interesaba.

—Que escojas el valle de la redención —indicó—. Es bastante duro, no te voy a engañar, sobre todo al principio. Su tramo inicial es muy escabroso, tanto que sentirás el deseo de abandonar numerosas veces. Son pocos los que logran superar esta etapa, la mayoría se rinde cuando está en medio del primer ascenso, porque parece interminable y existe la sensación de que apenas progresas, lo que consigue desanimarte y hacerte flaquear, poniendo a prueba tu voluntad, especulando que no serás capaz o que el desafío es demasiado severo para la reducida distancia que se recorre.

Lo escuché con atención y esperé a que prosiguiera.

—Cuando por fin consigas coronar la primera colina, aunque estarás exhausta, tu perspectiva se transformará. La altura no es excesiva; aun así, te permitirá divisar lo que hay frente a tus ojos y también observar el trecho que dejaste atrás, dándote cuenta de que es más de lo que imaginabas. A pesar de que quedará un largo trayecto por delante, estarás más motivada, empezarás a creer en ti y estimarás que el reto es posible.

»La inclinación ascendente seguirá aumentando, requiriendo de un considerable esfuerzo y constancia, pero el avance será visible, y eso te animará a prevalecer. Cada vez que alcances una nueva cima, te detendrás y realizarás un recorrido visual para comprobar en qué punto te encuentras y también en cuál te encontrabas antes de comenzar.

»El paisaje irá variando, embelleciéndose conforme discurras por el valle, y los obstáculos que al inicio parecían insalvables, se convertirán en lo que sencillamente son: obstáculos. Tu confianza crecerá de forma exponencial y te sentirás enérgica, lo que te permitirá comenzar a apreciar el itinerario, a disfrutar. Te deleitarás con los bellos parajes que cruzas, con los preciosos escenarios que acontecen, porque el avance ya no precisa tanto esfuerzo, principalmente, porque tú eres más fuerte.

»En este punto tendrás la certeza de que deseas quedarte a vivir en ese valle, que lo vas a explorar a tu ritmo, con detenimiento, con ilusión, experimentando la libertad y recreándote con la panorámica que cada ascensión ofrece.

—Suena fantástico, supongo que será porque se trata de una fantasía —solté desmereciendo su exposición—. No creo en ese valle.

—Muy bien, en ese caso puedes continuar en el valle de la destrucción.

—¿Por qué continuar?

—Porque, aunque no lo sepas, ya has comenzado a transitarlo.

—Ah, ¿sí? ¿Y cómo es?

—Todo lo contrario. Es un valle muy fácil de caminar, sin elevaciones, sin dificultad, casi siempre cuesta abajo.

—¿Dónde está lo malo, entonces?

—Que es realmente traicionero —respondió—. Cuando has caminado un largo trecho, generalmente en el momento más insospechado, el cómodo valle variará de manera radical. De repente y sin previo aviso, el terreno comenzará a ceder alrededor de tus pies y quedarás atrapada en una reducida superficie de difícil salida, al borde de un abrupto precipicio, sin saber qué hacer o qué dirección tomar. Te aseguro que, en esa situación, regresar al punto de origen es muy complicado.

—¿Cómo lo sabes? ¿Por qué conoces tan bien esos valles?

—Porque he vivido en ambos.

Esa respuesta me sorprendió.

—Por eso, hazme caso y no esperes a que sea tarde, ahora estás a tiempo de abandonar el valle de la destrucción y emprender un viaje apasionante.

—¿Y qué debería hacer para realizar ese supuesto viaje? —indagué con escepticismo.

—Querer hacerlo.

—¿Nada más?

—Para iniciarlo sí.

—¿Y después?

—Eso también después.

Sonaba demasiado idealista, semejante al discurso de un iluminado predicador: «Un valle de redención», «un viaje apasionante»... Bonito en la teoría, aunque sin sostenerse en la práctica.

«¡No le hagas caso a ese tarado!», chilló la voz de mi cabeza intentando disuadirme, protegiéndome de cualquier alternativa inexplorada.

Tal vez estuviera en un camino destructivo, pero era en el que sabía moverme.

—No estoy preparada para ese reto —le comuniqué—. Quizá más adelante, dentro de un tiempo.

—Cuando pase un tiempo, te habrás olvidado de tu oportunidad ganada —advirtió Samin.

—Ahora mismo no lo tengo claro —concluí.

—En ese caso no puedo hacer nada por ti —dijo—. Bueno, traerte flores cuando regreses aquí desde el fondo del abismo.

—Muy gracioso —le solté con sarcasmo, dibujando una burlona mueca—. No necesito ningún valle.

Di media vuelta y me encaminé hacia el exterior. Había sido bastante paciente, aguantando sus divagaciones e impertinencias; no quería oír más, solo deseaba irme a casa.

—Perfecto, si te gusta lo que ves en el espejo, adelante.
—Escuché desde la distancia, deteniéndome en seco.

Sentí un escalofrío. ¿Cómo sabía eso? Sus palabras incluso me asustaron. ¿Acaso podía leer mi mente?

Reanudé de nuevo el movimiento, acelerando el paso con la misma intensidad que mi respiración, persiguiendo escapar lo antes posible de ese lugar, de ese hombre.

Al cruzar la puerta de salida, volví la mirada hacia atrás para echar un último vistazo.

Samin ya no estaba allí.

Capítulo VIII

Durante dos días estuve dándole vueltas a la conversación que había mantenido con Samin, evocando sus palabras, que continuaban resonando como un grave eco en mí. ¿De dónde había salido ese hombre que parecía saber más de mí que yo misma?

La imagen del cementerio, el enigmático coloquio y su desconcertante presencia, se habían convertido en una sombra omnipresente que me acompañaba de una forma inquietante, desafiando incluso el poderío de mi impertinente voz interior.

A medida que pasaba el tiempo, la presión se volvió más insistente, me daba la sensación de que su mensaje había enraizado y no podía deshacerme de él. No comprendía qué extraño cable podía haber tocado para conseguir desestabilizarme, provocando un conflicto en mi software que estaba dividiendo la opinión interna.

La vocecilla trataba de imponer su autoridad: «¡Deja eso de una vez!», increpaba, mostrándose enfadada. Sin embargo, estaba experimentando una inédita falta de consenso en mi cabeza, como si el monólogo hubiera dado paso a un diálogo, como si las palabras de Samin hubieran provocado una pequeña sublevación contra la hegemonía existente en mi pensamiento. Podía identificar a otro ente distinto dentro de mí que también quería tomar la palabra: «¿Y si es cierto que estás ante una oportunidad ganada?», sembraba tímidamente la duda.

Daba la impresión de que la voz se hubiera duplicado, surgiendo fisuras en su aplastante seguridad.

Perseguí aislarme de la disputa originada a bordo, centrándome en algunas tareas postergadas durante bastante tiempo. Aproveché para hacer una limpieza profunda del piso y también recuperé una práctica ocasional: preparar guisos caseros. La batalla librada en mi interior estaba generando una porción adicional de energía, mermando mi inagotable fatiga.

Regresé a la residencia para visitar a mi madre; no obstante, le presté todavía menos atención de la habitual. La que se quedó ensimismada en la ventana fui yo, utilizando el mismo foco de enajenación para mantenerme como espectadora del devenir de contradictorios pensamientos, que luchaban por hacerse con el control, en una confrontación que comenzaba a desbordarme.

Las palabras de Samin habían constituido el desencadenante del revuelo, un conflicto de intereses que, posiblemente, ya existía en mí antes, aunque fuera incapaz de atisbarlo, porque nunca me había atrevido a contradecir el mandato de la voz autoritaria, a la que había obedecido sin rechistar, dando por sentado que lo que decía era lo correcto.

Aunque el ajetreo mental me saturaba, no deseaba reprimirlo. Prefería esperar a ver qué pasaba, conocer qué vencería finalmente, si la postura de la inacción, que llevaba años consolidada, o la insurgente aspiración de acción, que amenazaba con interferir mi apatía.

La pugna interna estaba desatada, con una alternancia de argumentos que contaba con un claro dominador:

«No pierdes nada por probar en ese valle de redención».

«Déjate de estupideces, ¿te vas a creer ese cuento?».

«Hacer lo mismo de siempre no te ha ido tan bien».

«Si arriesgas será mucho peor, tú no estás hecha para el cambio».

«Pero ¿por probar?».

«¡Que no! ¡No insistas! ¡Recuerda que no sirves ni de camarera! Olvídate de fantasear y empieza a buscarte la vida».

Con su contundente alegato, la voz de siempre se imponía, aplacando la débil rebelión para recobrar su potestad y aclarar quién gobernaba en mi mente.

Me sometí a su sentencia, asumiendo que aspirar a algo diferente era un privilegio reservado para otros y que no convenía que aparecieran nuevas voces, ni internas ni externas, que pudieran instituir el caos, prometiéndome hermosos senderos y alternativas utópicas que solo derivarían en un espejismo de ilusión.

La ilusión es el cebo de los ilusos, y ese cebo siempre lleva al mismo destino: la decepción, discurrí. Quizá esa era la razón por la que mi mente trataba de protegerme, porque conocía a la perfección el dolor que se produce cuando esa ilusión penetra en cada célula de tu cuerpo y, después, de modo silencioso, acomete el dañino desengaño, pegándote un bofetón de realidad, devolviendo tus pies al suelo y arrasando con las bonitas expectativas creadas. Con cara de memo, te quedas observando cómo ese castillo de naipes se desmorona ante tus ojos, cubriendo de escombro el profundo desencanto que te invade.

Cuanto más alto subiera, mayor sería la caída. Era preferible permanecer en zona segura, dentro de la conocida planicie, y olvidarme de escalar colinas.

La rendición albergaba la ventaja de la comodidad, podía hacer lo que menos esfuerzo requiriera, y conformarme, sin discernir otras opciones.

La energía que había irrumpido, durante el periodo de fluctuación mental, se disipó, dejándome nuevamente en los brazos del cansancio y la desidia, que me invitaban a derrumbarme en el sofá.

Acepté la oferta y, acompañada por una copa de vino, puse en funcionamiento mi adiestrado dedo índice para regresar a la rutina de envidiar otras vidas, acogiendo ese sinsabor al que me había acostumbrado de una manera tan fiel que lo buscaba, pareciendo que, en el fondo, me resultaba reconfortante. Una especie de masoquismo emocional que me mantenía atrapada, con la extraña sensación de estar en un cubo de basura con la tapa abierta y, al mismo tiempo, esforzarme por permanecer dentro.

«Eso es, disfruta del modo que siempre lo has hecho», me tranquilizaba la voz, confirmándome que había escogido bien.

Pero una pequeña parte de mí se mantenía discrepante; esa certeza, que siempre había considerado incuestionable, estaba derivando en una seria duda: lo de siempre ¿realmente era lo apropiado? Me había bebido el vino de forma inconsciente, me había desplomado en el sofá de forma inconsciente, me había sumergido en redes sociales de forma inconsciente... Todos mis actos eran inconscientes, como si yo no pudiera hacer nada y fuera una muñeca teledirigida.

Mi vida era tan mecánica que ni siquiera me había percatado. Me movía por inercia, regida por impulsos que no me cuestionaba, simplemente reproducía cada día el mismo guion, sin plantearme el porqué, permitiendo ser conducida sin saber adónde iba, porque solo ocupaba el asiento de copiloto, ya que jamás había tenido el valor de ponerme al volante y escoger mi propia ruta.

Me recosté boca arriba, con las manos entrelazadas por detrás de la nuca y la mirada fija en el techo, intentando que mi mente se mimetizara con su blancura. Durante unos segundos lo conseguí, después, las palabras de Samin volvieron a resonar, alterándome de nuevo.

Una y otra vez renacía esa pregunta que trataba de eludir sin éxito. Lejos de desaparecer, se hacía más resistente, removiendo mis cimientos, rastreando la respuesta que yo pretendía ignorar.

Retiré las manos de detrás de la cabeza, usándolas de apoyo para levantarme y abandonar la meditabunda pose. Caminé con presteza, intentando llegar a mi destino antes de que la voz se diera cuenta de mi propósito. No lo logré, aunque, al menos, mi acción ya se había iniciado, ganando algo de tiempo para resistir su pretensión de aplacarme.

«¿Dónde vas tan decidida?», despertó inquisitiva.

Proseguí mi avance sin escucharla.

«Espera un momento. ¡Detente!», ordenó, con un tono más firme.

Omití su advertencia.

«No lo hagas, no te conviene», imploró desesperada.

—¡¡¡Cállate!!! —grité con toda mi fuerza.

Y, sorprendentemente, se produjo el resultado deseado. Al fin fue ella quien cumplió mi mandato, y retornó el mutismo a mi cabeza.

Entré en el baño, encendí la luz y me puse frente a mi imagen. No sentí asco, sino lástima. De forma inesperada ocurrió un suceso insólito. Después de años inactivos, mis lagrimales consiguieron desatascarse, humedeciendo los ojos. Asombrosamente, estaba llorando, con mi reflejo como testigo.

Me lavé la cara con abundante agua y, con la misma decisión con la que había entrado al baño, lo abandoné, preparándome para iniciar un nuevo rumbo. La energía regresó a mi cuerpo. Progresé con paso ligero, sin vacilar en ningún momento, con la confianza impropia que me otorgaba tener clara la respuesta.

Atravesé la puerta del parque, adentrándome por la arenosa vía principal. En un primer vistazo no divisé a nadie, aunque continué transitando, reduciendo la distancia y, misteriosamente, como si su silueta se hubiera materializado de manera paulatina, pude apreciar su figura.

Avancé los últimos metros hasta situarme junto a él.

—No me gusta lo que veo en el espejo —le solté sin rodeos, liberando la carga que tanto tiempo me había aplastado.

—Lo sé —respondió Samin—. Te estaba esperando.

EL VALLE

Capítulo IX

Me senté en el banco, justo al lado de Samin. Un electrizante nerviosismo recorría mi cuerpo, pero era distinto al que estaba acostumbrada a sentir. Se trataba, más bien, de una necesidad de desfogar la inquietud.

—Si no te gusta lo que ves, tienes dos opciones —dijo Samin, rompiendo el silencio.

—¿Cuáles? —pregunté.

—Cambiar el espejo o cambiar tú.

—Si cambio el espejo, el reflejo será el mismo —protesté, percibiendo que eso no tenía sentido.

—Efectivamente —aseveró con calma—. Por tanto, ya sabes cuál es la opción.

—¿Cómo puedo hacerlo? —indagué, persiguiendo una rápida solución.

—La pregunta correcta no es «¿cómo?» —corrigió—, sino «¿cuándo?».

Samin deliberó un instante y, a continuación, reanudó la conversación de una forma inesperada.

—¿Te puedo contar un chiste?

Levanté los hombros, asombrada por la sugerencia, accediendo a esta con un leve movimiento de cabeza.

—Un hombre iba conduciendo por la autopista cuando escuchó en la radio un mensaje de alerta: «Atención, se informa de que hay un kamikaze circulando en sentido contrario». Este hombre, harto de esquivar coches, gritó furioso: «¿Uno?… ¡Hay cientos!».

A pesar de que lo había pillado, tampoco me pareció demasiado gracioso, menos aún porque no concebía a cuento de qué venía un chiste.

—Puede que a ti te suceda lo mismo —indicó Samin, mirándome a los ojos—. La kamikaze eres tú; sin embargo, piensas que circulas por el carril correcto y que es el mundo entero quien va en tu contra. Por eso, la pregunta es: ¿cuándo vas a dejar de sortear la realidad y cambiar el sentido de tu vida?

Sus palabras me paralizaron y traté de asimilar la explicación.

—Supongo que algún día —murmuré.

—¿Por qué no hoy?

—No es tan sencillo, no creo que sea cuestión de dar media vuelta y ya está.

—Bueno, tampoco hay que hacerlo de un modo temerario —pronunció en tono jocoso—, simplemente coge el primer desvío y cambia de sentido.

—Ya, pero…

—No has tardado mucho en hacer uso del primer freno del cambio —me interrumpió antes de que pudiera terminar la frase.

—¿Qué freno? —pregunté, cada vez más confundida.

—El freno de la excusa —reveló—. A los que se sirven de este freno para permanecer siempre en el mismo lugar, los llamo «yaperos», porque sus excusas constan de dos partes: «ya…», tienes razón y entiendo lo que dices; «pero…» no puedo cambiarlo por esto o lo otro.

»Siempre existe un «pero» que limita la acción: «Pero no tengo tiempo», «pero no es fácil», «pero no es el momento», «pero no sé si podré»… Excusas para evitar admitir la verdad: «¡Pero no me da la gana!» —expuso, aumentando el volumen.

No rebatí su argumento, porque era consciente de que las excusas siempre habían sido mis aliadas.

—Si deseas seguir justificando tu situación a base de excusas, convenciéndote de que, aunque quieres, no puedes hacer más de lo que haces, permíteme que te diga que te estás engañando —señaló—. Por tanto, mientras mantengas este freno pisado, continuarás quejándote de tu mala suerte, lamentándote de que todo te pasa a ti, descontenta con una vida sobre la que crees no poder influir y menos todavía cambiar, porque siempre habrá un «yapero».

Me quedé en silencio, sintiendo cómo sus palabras se clavaban, porque me resultaba imposible negarlas.

—Y si supero ese freno, ¿estaré lista? —tanteé.

—No, todavía te quedarán otros dos.

Solté un suspiro de resignación.

—¿Cuál sería el siguiente? —indagué, consciente de que sería complicado lidiar con tantos frenos.

Samin recapacitó durante unos segundos, evaluando la forma de enfocar el tema.

—Imagina que estás en la cama durmiendo y, de madrugada, los primeros rayos solares atraviesan la persiana. ¿Te levantas para bajarla o prefieres esquivar la molestia de esa luz?

Sabía perfectamente la respuesta, porque me había sucedido muchas veces. No obstante, opté por mostrarme ingenua para comprobar adónde quería llegar.

—No sé por dónde vas.

—Te pondré otro ejemplo —agregó—. Estás viendo una película en el salón y empiezas a notar frío en los brazos que, poco a poco, se va extendiendo al resto del cuerpo. ¿Sigues soportando el helor hasta que finalice la película, frotando tus brazos con las manos para calentarlos, o te levantas y vas al armario de tu habitación a por una manta?

Continuaba sin saber cuál era el objetivo de esos planteamientos, aunque estaba claro que me encontraba en el lado de la pasividad.

—¿Me puedes decir, de una vez, a qué te refieres? —solicité impaciente.

—A que la mayoría de las personas prefieren quedarse paradas quejándose, antes que levantarse a solucionarlo, dejándose arrastrar por el freno de la pereza —aclaró—. Sabemos cuál es el problema y el remedio para mejorar la situación; sin embargo, al requerir esfuerzo, nos mantenemos inmóviles, esperando a que las cosas se arreglen solas o a que, al menos, la molestia sea lo más llevadera posible.

»Aguantamos con la china en el zapato hasta que nos provoca una herida en la planta del pie; entonces es cuando reaccionamos. Podríamos haber evitado con facilidad el dolor, pero nos daba pereza descalzarnos. Lo mismo sucede con cualquier esfera de nuestra vida, aunque sepamos lo que deberíamos hacer, la pereza se impone y anteponemos la queja a la acción. Si no te gusta lo que ves en el espejo, ¡haz algo! —recriminó—. Deja de ponerte excusas, rechaza la pereza y ¡muévete! Identifica qué es lo que te desagrada y olvídate de pensar que la solución está fuera de tu control, porque es falso. Lo que ves es responsabilidad tuya y el espejo no puede cambiar por ti.

Parecía que estuviera describiéndome. Me dedicaba a lamentarme por todo lo que me repugnaba, sintiéndome miserable, como si me hubiera tocado ser así irremisiblemente, de la misma manera que me había tocado ser castaña y con los ojos marrones. No sabía cómo podía modificar mi vida, aunque estaba claro que persistir impasible tampoco ayudaba. Sin duda, debía admitir que la pereza era uno de mis pecados capitales.

—Reconozco que, en parte, llevas razón —acepté—, pero ¿qué hago si no me gusta nada? A lo mejor si fuera algún aspecto en concreto, pues sí, podría proponérmelo. Sin embargo, cuando es el conjunto lo que me disgusta, lo que necesitaría sería cambiarme por otra persona —concluí, pretendiendo hacer una gracia.

—Exacto, eso es lo que necesitas —confirmó Samin con seriedad, ante mi sorpresa—. Convertirte en una nueva persona, en la nueva Alicia.

«La nueva Alicia», resonó en mi cabeza.

—Ya, pero…

Nada más darme cuenta de cómo había empezado la frase, me detuve.

—Muy bien, para dejar de ser «yapero» es importante ser consciente de ello —añadió Samin sonriente.

—Lo que quiero decir es que eso es dificilísimo —manifesté.

—¿No nos atrevemos porque las cosas son difíciles o son difíciles porque no nos atrevemos? —formuló Samin, parafraseando a Séneca.

Permanecí en silencio, reflexionando.

—¿Y qué tendría que hacer? —pregunté dubitativa.

—Empezar.

—¿A qué?

—A ser la nueva Alicia —ratificó.

—¿Y si no me atrae mi nueva versión?

—No pasaría nada, puedes regresar cuando quieras a la genuina Alicia, esa que te encanta —expuso con sarcasmo.

Una parte de mí estaba dispuesta a afrontar el desafío; no obstante, seguía aferrada al freno de la excusa, persiguiendo pretextos para desistir.

—Entiende que me cueste dar el paso, tengo que estar segura.

—Nunca vas a estar segura antes de iniciar una nueva ruta, sea cual sea. Debes confiar en tu intuición.

Mi intuición, aunque se mantenía recelosa, trataba de enviarme una tímida señal. Me susurraba que, quizá, fuera el momento de soltar esos frenos y avanzar.

—Está bien —pronuncié finalmente.

—¡Fantástico! Comienzas tu andadura por el valle de la redención —anunció Samin, satisfecho.

—No tan deprisa, tampoco hay que precipitarse.

—Pues ya has descubierto, tú solita, el tercer freno del cambio —reveló—. ¿A qué esperamos, Alicia? ¿A que te dé otro ictus? ¿A que la solución no esté en tus manos?

Lo miré, alzando las cejas.

—El freno de la espera es el más rígido, puesto que se alimenta de los otros dos frenos para reforzarse, tornándose, a menudo, en una espera infinita —explicó Samin—. Unas veces es demasiado pronto y otras demasiado tarde; nunca es el momento idóneo. Podrías haber empezado en el pasado o, por el contrario, esperar al futuro, aunque este es el mejor momento. ¿Sabes por qué?

Me encogí de hombros.

—Porque no hay otro, te guste o no, este es el único momento que existe —respondió—. Pero si quieres podemos esperar a que todo sea perfecto, después de tu próximo cumpleaños, en Año Nuevo o cuando el cometa Halley reaparezca.

Bajé la mirada, apuntando al suelo, incapaz de refutar su apreciación.

—Créeme, nunca vas a encontrar las circunstancias ideales, siempre te faltará algo, siempre habrá adversidades y siempre surgirá una excusa para convencerte de que es mejor aplazarlo —expuso—. El problema es que la vida no espera, lleva su propio ritmo, no se ajusta al tuyo. A la vida le da igual que tú tengas planes o cosas pendientes por hacer. Cuando finalice el partido, se acabó, no habrá prórroga.

Yo continuaba silente, pero sin dejar escapar una sola palabra.

—¿Vas a seguir aguardando ese maravilloso momento que está por llegar o empiezas a disfrutar del que tienes delante? —postuló, induciéndome a decidir—. La distancia será la misma; cuanto antes comiences, antes te acercarás a la meta.

—Dime una cosa, ¿por qué me quieres ayudar? —pregunté, quebrando mi mutismo.

—Porque no eres un caso perdido, solo te encuentras perdida —anunció Samin.

—¿Cómo estás tan seguro? —seguí cuestionando.

—Porque puedo ver en ti lo que el espejo no muestra.

—¿Y qué ves? —inquirí con curiosidad.

Samin hizo un inciso antes de responder.

—Lo que hay detrás de esa armadura que usas para defenderte.

Tragué saliva. Pensaba que mi armadura era invisible. ¿Cómo podía verla? No me atreví a indagar, temiendo su especial don para leerme.

—Más que para defenderme la utilizo para sobrevivir —justifiqué su función.

—La vida no es una carta, ya va siendo hora de que te quites el «sobre» y empieces a vivir.

Ciertamente, la cobertura de mi sobre podía proteger el interior, aunque solo permitía distinguir lo superficial, sin descubrir el verdadero contenido, por miedo a desvelarlo.

—Mañana, prometo llevarte a un sitio mucho más atractivo que el cementerio —informó Samin, levantándose con ímpetu del banco.

—¿Adónde? —quise saber.

—A las diez nos vemos aquí —comunicó escuetamente, iniciando la marcha.

—Espera, Samin, no te garantizo nada —protesté inquieta, al comprobar que se alejaba dando por fijada la cita.

—¡Suelta el freno! —voceó, agitando su mano para despedirse—. Nos vemos mañana.

Respiré hondo y apoyé la barbilla sobre mi puño, adoptando una reflexiva postura. Recordé esos rayos solares que tantas veces había esquivado desde la cama, girándome hacia otro lado para evitar levantarme. Ahora también me debatía entre seguir inmóvil en este banco o ponerme en pie para dar el primer paso. Un primer paso que, tal y como advirtió Neil Armstrong al pisar la Luna, probablemente no fuera tan pequeño como parecía.

Capítulo X

Al día siguiente a la hora establecida llegué al mismo parque, al mismo banco, donde Samin se encontraba leyendo el periódico.

—Ven conmigo a por mi coche, que está aparcado fuera —comunicó, nada más verme.

Plegó el periódico, dejándolo sobre el banco, y comenzó a andar, confiando en que lo acompañaba.

—¿Me vas a decir de una vez adónde vamos? —pregunté mientras caminábamos hacia el exterior.

—A la playa.

—¿A la playa? ¿No iba a comenzar por un valle? A ver si te aclaras —bromeé—. Además, estamos en noviembre, ¿para qué?

—Hace un día estupendo, y a la playa no solo se va para tomar el sol o a bañarte —matizó.

En mi caso ni siquiera era un destino veraniego. Desde que había vuelto de Madrid, a pesar de tenerla a pocos kilómetros, nunca me había acercado.

Samin abrió las puertas del pequeño coche de color verde y entramos en su reducido habitáculo. Desplacé el asiento hacia atrás, para liberar mis rodillas de la guantera, y me coloqué el cinturón de seguridad.

Samin arrancó el motor y comenzó a rodar. En apenas quince minutos, el mar se hizo visible por la ventanilla. Pasamos al lado del gran aparcamiento público, que precedía a la entrada. Sin embargo, el coche no se detuvo.

—Te has pasado —le avisé.

Prosiguió con la conducción, como si no me hubiera oído, lo que me provocó una naciente preocupación. Prácticamente, ese hombre era un desconocido... ¿Y si me encontraba en peligro?

Antes de que la maquinación fuera en aumento, observé que activaba el intermitente, apartándose hacia el carril derecho.

—Casi todos se quedan en el tramo anterior, pero alejándote solo un par de kilómetros puedes contar con playa y aparcamiento libre —detalló, dejando el vehículo estacionado en una calle desierta.

Samin se colocó un sombrero marrón de ala ancha, se ajustó la goma a la barbilla y, tras cruzar un terraplén, se adentró por una senda ascendente, que circulaba paralela al mar. El paso era tan estrecho que tuvimos que transitarlo en fila india, permitiendo que él me guiara mientras bordeábamos un acantilado que, conforme aumentaba la altura, se volvía más vertiginoso.

—¿Seguro que sabes por dónde vas? —consulté.

—Sí, ya queda menos —respondió Samin.

No obstante, la senda se extendía sin atisbar el final, en un recorrido que, además de incierto, empezaba a ser agotador.

—Estoy cansada, no quiero continuar —apunté, deteniéndome.

Samin, al escuchar mi queja, también se paró.

—Llevamos veinte minutos caminando. O me dices adónde vamos o no continúo —lancé a modo de un ultimátum.

Samin se aproximó hasta mí.

—¿Ves ese montículo de piedra? —preguntó, señalando con su dedo índice el lugar descrito.

Asentí.

—Pues ahí —indicó.

—¿Me estás diciendo que el sitio al que vamos está al lado de donde venimos? —Pedí explicaciones, furiosa.

Samin manoseó su barba, sopesando la respuesta.

—Sí, eso parece —reconoció, valorando la situación—. Sin embargo, ahora estamos mucho más cerca.

—¡Me vas a volver loca con tus acertijos! ¿Cómo vamos a estar más cerca?

Samin soltó una carcajada, disfrutando con mi desconcierto.

—Te prometo que no tardaremos más de cinco minutos —afirmó—. Confía en mí.

Aunque estuve a punto de darme la vuelta y regresar, me armé de paciencia y le otorgué esa confianza que demandó.

La vía fue serpenteando en dirección al mar, variando el relieve en un brusco descenso que requería progresar con lentitud. Las rodillas empezaron a punzarme y mi cabeza se anticipó en el tiempo, discurriendo que el retorno sería igual de inclinado y cuesta arriba. Lo más chocante era que Samin, que podría doblarme la edad, progresaba con una facilidad pasmosa, sin apenas esfuerzo.

—Hemos llegado —anunció, aliviándome escucharlo.

El camino culminó en una duna, que atravesamos sin dificultad y, al término de esta, observé cómo mi guía se introducía por una diminuta gruta creada en el rocoso muro. Imité su postura y accedimos por el orificio de entrada, desplazándonos agachados para no golpear nuestra cabeza con la techumbre. Una vez traspasado el angosto pasadizo, de un par de metros de profundidad, por fin llegamos al recóndito destino. Estiré mi espalda y, cuando levanté la vista y divisé dónde nos encontrábamos, quedé impresionada. El enfado, el cansancio y la indignación previa se desvanecieron, dejando espacio a la fascinación.

—¿Te gusta nuestra playa secreta? —preguntó Samin.

Hice un recorrido visual de trescientos sesenta grados para tener una panorámica detallada. Era un lugar increíble, una pequeña cala de arena fina que se había formado en el interior de la montaña, con una amplia apertura natural en el otro extremo que comunicaba directamente con el mar, como si se tratara de la puerta de nuestra terraza y alguien la hubiera diseñado a propósito para tener acceso a un refrescante baño. Un rincón exclusivo, a ocho kilómetros del núcleo urbano…, y estaba vacío.

—Es precioso este sitio. ¿Cómo es posible que no haya nadie? —indagué sorprendida.

—Supongo que es gracias al freno de la pereza —afirmó—. Es más sencillo aparcar y llegar cómodamente a la arena por la pasarela de madera, pese a que después tengas que luchar por colocar tu sombrilla, haciéndote un hueco entre cientos de ellas.

Me descalcé, remangando mis pantalones hasta las rodillas, aproximándome hasta la puerta, tallada magistralmente por el mar, con ganas de atisbar lo que escondía. Introduje mis pies en el agua y, caminando con precaución, traspasé el umbral, ampliando el campo de visión. Mis ojos se extasiaron de belleza, porque daba la sensación de que la playa estuviera flotando.

Justo enfrente, a unos pocos metros de distancia, existía un enorme arco de piedra, que reclamó mi atención, evocándome inmediatamente a la playa de las Catedrales, en Lugo, donde solía ir en el pasado con mi padre y constituía el último recuerdo que guardaba de él. Disfrutábamos recorriendo sus grutas y caprichosas formaciones, que parecían el escenario de otro planeta, fantaseando con historias que él me contaba. Mi leyenda preferida era la de los marineros atrapados entre los pasadizos que fueron hechizados por el canto de las sirenas, quedando allí para siempre. Según cuenta esta leyenda, si permaneces con los pies anclados en la arena durante un largo periodo, se puede ver el alma de estos marineros.

Recuerdo que nos quedábamos quietos, con los pies fijos al suelo, examinando esos pasadizos y, cuando la arena empezaba a cubrir mis plantas y percibía que se estaban ahondando, las levantaba de inmediato y echaba a correr mientras mi padre me perseguía, bromeando: «¡Que vienen los marineros a por ti!».

Tenía solo nueve años, aunque todavía mantenía la imagen nítida, atrapada en mi memoria, de la misma manera que los marineros en la playa.

—Tenías razón, Samin —admití—. Estábamos al lado; sin embargo, era necesario llegar hasta aquí para poder descubrir este lugar.

—Hay cosas que, teniéndolas cerca, a menudo se tornan distantes. Podemos verlas, pero no hallamos la forma de llegar hasta ellas, igual que sucede con los sueños —estableció la analogía—. Un día se cierra la puerta que nos conectaba con ellos y perdemos la esperanza de volver a tener acceso, limitándonos a observarlos desde una distancia que, aun siendo corta, se siente inalcanzable.

Samin clavó su mirada en mis ojos para asegurarse de que continuaba atenta.

—Podemos conformarnos con seguir contemplando, resignados, sufriendo en silencio porque, aun estando a la vista, ese sueño que nos ilusionaba se volvió inaccesible, permitiendo que el tiempo lo entregue al olvido; o tener la valentía de buscar otra puerta, aunque no tengamos la certeza de encontrarla y requiera una dificultosa exploración.

Modifiqué el enfoque, apuntando a una gran roca que se alzaba frente a mí. Estuve absorta unos segundos, analizando la reflexión de Samin, que contradecía lo que me enseñaron en el colegio. Tal vez no siempre la línea recta es la distancia más corta entre dos puntos, depende de lo que estemos buscando.

Samin se situó junto a mí, uniéndose al visionado del sencillo espectáculo. Solo eran olas golpeando la roca, pero esa sencillez, tan armoniosa, conseguía hipnotizarme.

—¿Quién crees que es más fuerte?, ¿la roca o la ola? —preguntó Samin.

—Me resulta increíble cómo la roca es capaz de resistir los golpes del agua, así que creo que la roca —razoné.

—Mira el arco, mira la gruta en la que estamos —dijo Samin—. Han sido obra del mar. Un día tras otro, sacudiendo incesantemente, sin cejar en su intento logró abrirse camino. La ola no se planteaba cómo iba a atravesar la roca, tan solo se puso a trabajar, sabiendo que era difícil, pero posible, porque, cuando persistes, siempre hallas el modo de avanzar.

Samin me asió del brazo, girándome suavemente para ponerme frente a él.

—A partir de hoy, tú serás la ola que va a abrirse paso —expuso mientras notaba cómo sus dedos se clavaban en mi hombro—. No te preocupes por la forma de hacerlo; si no te rindes, la averiguarás. Céntrate en tener el coraje de continuar adelante, con la misma confianza y perseverancia, sabiendo que es un proceso en el que cada acción, por pequeña que parezca, tiene su efecto.

Entendía lo que decía, aun así seguía estancada ante un desafío del que, aunque Samin se empeñara en repetir que lo de menos era el «cómo», necesitaba conocer el lugar de inicio.

—¿Cuáles deben ser mis acciones? —cuestioné, cada vez más perdida.

—Durante tu ascenso a la primera colina, trabajarás la disciplina para adquirir los hábitos que necesitas.

—¿Qué hábitos?

—Empezarás por lo prioritario, lo esencial, tu bien más preciado y más descuidado: la salud.

—¿Cuánto tiempo? —pregunté.

—Un mínimo de veintiún días.

—¿Y el máximo?

—Únicamente tú puedes saberlo —indicó—. El reto es que, durante veintiún días seguidos, cumplas el objetivo; si fallas un solo día, tendrás que volver a empezar. Por eso, la duración dependerá de ti.

—Entonces ¿si logro hacerlo de forma ininterrumpida, tendré esos hábitos?

Samin sonrió.

—Ojalá fuera así, te entregan el título del hábito correspondiente y ya lo tienes de manera permanente —soltó con ironía—. ¿Piensas que por dejar de fumar veintiún días, serás exfumadora? ¿Por hacer deporte veintiún días pasas a ser deportista para siempre? ¿O por comer verdura veintiún días te conviertes en vegetariana? Yo solo he hablado de adquirirlos, consolidar un hábito es una tarea de toda la vida.

Me estaba abrumando. Veía tantas dificultades que el panorama me incitaba a abandonar antes de empezar.

—Sin embargo, hay una baza positiva —pronunció, cediendo algo de esperanza—. Todos los hábitos, en realidad, dependen de un único hábito.

—¿Solo uno?

—Así es —confirmó—. El verdadero fin de esos veintiún días es conseguir el hábito de dominar tu voluntad, que es la llave de todos los hábitos.

—¿Y eso cómo se hace?

—Educando a tu mente —resolvió—. Quien te va a pedir un pastel de chocolate, un cigarrillo o seguir durmiendo una hora más, no es el estómago, el pulmón o la cama…, es tu mente. Has dejado que sea ella quien decida, la has malcriado, dándole todo lo que te ha demandado, igual que a un niño consentido.

»Ya es hora de que empieces a imponer tus normas —reivindicó—. Si controlas tu mente, serás la dueña de tu voluntad, y te encontrarás preparada para alcanzar el objetivo que te propongas. ¿Estás lista para decirle a tu cabeza quién manda?

Opté por omitir la respuesta, considerando una osadía obsequiarle con una confirmación.

—El primer cambio asusta, los siguientes serás tú quien los busque —expresó para animarme—. No te preocupes, que iremos por partes, empezando por abordar los pilares que sostienen la salud: alimentación, ejercicio, eliminar sustancias tóxicas, descanso y paz mental.

—Menos mal que íbamos a ir por partes. ¿Cómo voy a ser capaz de dedicarme a tantas cosas a la vez? —protesté—. Ya he probado a adelgazar sin resultado; y si hablamos de ejercicio…, eso sí que lo veo imposible.

—No te agobies, Alicia. Tienes algo muy importante a tu favor.

—¿Qué? —pregunté intrigada.

—En tu caso, solamente puedes mejorar, por poco que hagas —enunció con una perspicaz sonrisilla.

—Vaya, gracias por tu sutileza —reproché irónicamente.

—Podría emplear suaves eufemismos, pero, si te soy sincero, solo sirven para maquillar: «No es para tanto, solo te sobran unos kilitos»; «bueno, si no puedes dejar el tabaco, prueba a fumar menos». Ni a ti ni a mí nos sobra el tiempo. No me voy a andar por las ramas; si quieres un cambio real, tienes que ser consciente de la realidad, y eso implica retirar el maquillaje.

Difícilmente habría consentido que alguien me hablara en ese tono sin ofenderme y ponerme a la defensiva. No obstante, el lenguaje claro y directo de Samin, aunque podía resultar demasiado brusco, extrañamente no me injuriaba; al contrario, tenía un efecto apaciguador, logrando domarme con su voz, desentrañando en sus palabras una convincente verdad que, al menos, me hacía reaccionar.

—Como te he explicado antes, la finalidad es adquirir el hábito de la voluntad —reiteró—, eso quiere decir que no importa tanto cómo lo hagas, únicamente que lo hagas. No necesitas que esté perfecto, solo hecho.

—No sé, no creo que sea suficiente —rebatí su afirmación.

—El perfeccionismo es lo que lo convierte todo en insuficiente, porque te hace creer que siempre falta algo; es el culpable de que las intenciones jamás lleguen a ser acciones.

Su aclaración me hizo concebir ese término desde una perspectiva diferente, puesto que, a menudo, ser perfeccionista se asociaba a una virtud.

—¿Crees que los Rolling Stones hicieron su primer concierto en un estadio, delante de ochenta mil personas?

Negué con la cabeza.

—Arrancaron tocando en pequeñas salas, con nervios, con errores y dudas, aunque cargados de entusiasmo y ganas de mejorar por el camino. Ninguna persona que alcanza el éxito era exitosa cuando comenzó. La clave es perfeccionar con el tiempo y la experiencia, tratándose de un proceso, no de un fin. Así que puedes seguir pisando el freno de la espera y aguardar a tener un nutricionista, un entrenador personal, un psicólogo, a estar mentalizada y a hacerte un reconocimiento médico o, simplemente, empezar de forma imperfecta, pero ya.

—De acuerdo, está bien —acepté, cediendo a su tesón—. De todos modos, tendré que saber algo más, por ejemplo, lo que puedo comer.

—Lo que te dé la gana, excepto cenar fruta —contestó rápidamente, dejándome perpleja.

—No te entiendo.

Samin cortó una ramita de un arbusto que había germinado en la pared de la gruta y se arrodilló en la arena, escribiendo, por separado, cada una de las letras que componían la frase «cenar fruta».

—Durante tres semanas, lo único que tienes que saber es lo que no debes tomar —explicó, señalando las letras que había trazado previamente—. «C» de carnes rojas; «E», embutidos; «N», nicotina. Sé que es duro, pero también incuestionable; «A», alcohol; «R», refrescos; «F», fritos, cocinados con gran cantidad de aceite; «R», rebanadas de pan blanco; «U», ultraprocesados. Escoge comida real, que cocines tú o que esté procesada con buena calidad; «T», tentempiés para matar el gusanillo, como patatas fritas, galletas, golosinas, chocolatinas y similares; «A», azúcar, no solo refinada, también todo tipo de dulces azucarados.

Después de enumerar todas esas prohibiciones, a pesar de que constituían la base de mi alimentación, me quedé más tranquila, porque no me obligaban a estar atada a una dieta ni preparando un menú especial para cada día.

—¿Y no tengo que hacer dieta? —pregunté sorprendida.

—¿Cuántas veces has hecho dieta?

—Un par de veces —reconocí.

—¿Y perdiste kilos o tiempo?

No pude evitar reírme con ese interrogante.

—Hay gente que está toda la vida a dieta, en una secuencia continua de sacrificio y exceso; pierdo peso y recupero peso —especificó Samin—. No se trata de poner parches temporales, el objetivo es forjar un nuevo estilo de vida, duradero y sostenible, que repercuta en tu salud global.

Lo escuchaba pasmada, desconfiando de que fuera tan aparentemente sencillo como decía, ya que mis tímidos intentos de dieta acabaron en abandono.

—¿Del resto de los alimentos puedo comer lo que quiera o existe letra pequeña? —indagué escéptica.

—Puedes comer lo que te apetezca, con la única restricción de no hacerlo después de las nueve de la noche.

—¿Y cenar fruta también?

—Claro, solo es una frase mnemotécnica para que lo memorices —sonrió.

—Pero también contiene azúcar.

—La fructosa será mucho mejor que cualquiera de los postres que actualmente tomas —argumentó, volviendo a acertar su intuición—. Pues, si no hay más preguntas, pasamos al ejercicio físico.

—Eso sí que no, imposible —refunfuñé.

—En diez minutos es la segunda vez que pronuncias la palabra «imposible». ¿Por qué es imposible?

—Porque no he hecho ejercicio desde la adolescencia.

—Muy bien, tampoco habías venido aquí antes, ¿qué importa lo que hicieras o no hicieras ayer?

—Mi forma física es nula —aseveré—. Me puedo lesionar o algo peor. Te recuerdo que tuve un accidente cerebrovascular.

—Por eso mismo. Es curioso que temas cuidarte, pero no descuidarte —sentenció Samin—. ¿Serías capaz de correr tres minutos?, ¿hacer veinte sentadillas?, ¿recorrer dos kilómetros en bici?

—Hombre, eso sí —admití, pensando que esos supuestos no llegaban a un mínimo exigible—. Aunque así tampoco voy a conseguir nada.

Samin se separó de mi lado, unos metros, aproximándose a la orilla.

—Acércate un momento —solicitó—. ¿Crees que el agua construyó ese agujero en un día? —planteó, señalando el arco de roca que se erigía frente a nosotros.

—No.

—Cuando empezó su labor también lo percibiría imposible —indicó—. No hay prisa, Alicia, es preferible ir despacio que detenerse. No pienses en lo que falta por recorrer, sino en lo que vas recorriendo: un día más, un logro más, un kilómetro más, un kilogramo menos… Es indiferente que los resultados tarden; si resistes, llegarán. Poco a poco, al igual que el agua, irás progresando y superándote.

»No necesitas ir a un gimnasio, no tienes que hacer un entrenamiento específico, tampoco precisas de aparatos. Te basta con una esterilla y dos metros cuadrados de espacio para realizar una tabla genérica con tu cuerpo como instrumento. También puedes optar por correr, caminar rápido, montar en bicicleta, practicar natación o cualquier actividad que te haga moverte.

»Durante los próximos veintiún días, escoge aquello que te resulte más sencillo y descarta investigar por tu cuenta. En esta etapa inicial evita consultarle al doctor Google o indagar en las redes sociales, porque enloquecerás con la diversa y contradictoria información que descubrirás, hasta el punto de que cada vez estarás más perdida y, cuando eso sucede, es muy probable colapsar y abandonar. No es que haya diferentes opiniones, es que son opuestas: «Lo más importante es trabajar la fuerza o cuidado con las cargas», «no hay nada más efectivo que correr o no te pases de kilómetros», «practica ejercicio anaeróbico o no aumentes mucho el ritmo cardiaco», «incorpora siempre estiramientos o los estiramientos no son útiles». Si hablamos de alimentación, el tema se complica más: «Hay que tomar hidratos de carbono o elimínalos por completo», «los lácteos son una buena fuente de calcio o cuidado con la lactosa», «el pescado azul es beneficioso por su contenido en ácidos grasos omega-3 o está contaminado por metales pesados como el mercurio», «el café es un excitante a evitar o mejora el rendimiento físico y cognitivo», «los frutos secos son un buen aperitivo o mejor prescindir de ellos porque tienen muchas calorías»…, y así podría seguir indefinidamente.

»Tal y como te he anticipado antes, lo importante es empezar y, para eso no necesitas tener todo el conocimiento ni ser una experta, al revés, debes mantener el foco en lo esencial. Ahora no tienes que estar contando calorías o preparando elaboradas recetas, limítate a no «cenar fruta», descartando únicamente algunos de los alimentos y sustancias más perjudiciales. De la misma manera, respecto al ejercicio, da igual lo que hagas, siempre será mejor que no hacer nada. Cuando hayas logrado el objetivo principal y estés en otro nivel, ya te preocuparás de aprender, evolucionar y añadir lo que consideres oportuno, pero, en este momento, tu meta es ascender la primera colina del valle sin que decaigas, de ahí que la finalidad sea no liarte y ponértelo relativamente fácil para que no te desanimes y puedas conquistar esa cima.

Esa relativa facilidad era, precisamente, la que me estaba estimulando a intentarlo.

—Por último, nos queda el elemento más familiar para ti: el descanso —informó—, puesto que, en tu situación, lo aconsejable sería reducirlo.

—Lo que pasa es que siempre estoy cansada.

—Hay que quitarle cantidad y añadirle calidad —matizó—. Cuando los días son rutinarios y acontecen sin objetivos ni aliciente, dormir se convierte en un buen aliado para matar el tiempo, pero el tiempo no hay que matarlo…, ¡hay que vivirlo!

Ese dardo me alcanzó de lleno.

—En este aspecto, seré bastante breve —anotó—. Acuéstate antes y levántate antes. Ese será el hábito.

Justo lo contrario de lo que hacía, trasnochando hasta la madrugada.

—Por supuesto, este hábito requiere que te vayas a la cama a dormir. —Hizo una propuesta, que parecía obvia.

Extendí las palmas de mis manos y ahondé mi cuello en los hombros, exhibiendo un gesto de incomprensión.

—En la cama no aproveches para revisar el móvil, para ver una serie, para rememorar preocupaciones o para repasar mentalmente lo que tienes pendiente para el día siguiente —explicó—. Todo esto lo has podido hacer antes. Dormir significa apagar la luz, los ojos y la mente hasta que suene el despertador, siete u ocho horas después, que son suficientes para recargarte.

—Lo que ocurre es que, muchas veces, empiezan a surgir pensamientos que me producen ansiedad.

—No les prestes atención, déjalos marchar —sugirió—. Cuando un móvil está en «modo avión», no puedes atender llamadas o mensajes. Pues tu mente también la tienes que poner en «modo avión», sin hacer caso a ninguna distracción, ignorando cualquier pensamiento que te moleste. Con los ojos cerrados, inicia una respiración abdominal profunda. Puedes colocar las manos en el estómago para comprobar cómo se infla y se desinfla. Primero inspira lentamente, aguanta el aire unos segundos y suéltalo también de forma pausada. Repítelo cinco minutos, concentrándote únicamente en el proceso, notando el efecto relajante que ejerce en tu cuerpo. El sueño llegará sin avisar.

—¿A qué hora me tendría que acostar?

—Tienes que estar en la cama no más tarde de las once de la noche.

—Eso es prontísimo —rebatí—. Pretendes que esté despierta a las siete de la mañana. ¿Para qué tan pronto?, si ya no tengo que ir a trabajar al día siguiente.

—Porque la mañana es el periodo más productivo y porque no eres un búho. Debes aprender a vivir de día y dormir de noche —explicó—. Teniendo en cuenta que a las nueve ya habrías cenado, todavía te quedarían dos horas libres.

—Está bien —acepté sin más protestas—. Si no recuerdo mal, todavía faltaría la paz mental, que creo que eso sí que me parece impo…

—No lo digas —se anticipó Samin, cortándome rápidamente, para que no volviera a repetir ese vocablo—. Las palabras que te dices son las que nutren el contenido que reina en tu cabeza. La paz mental, a pesar de que requiere un trabajo específico que veremos más adelante, la irás consiguiendo conforme progreses por el valle de la redención.

—¿Entonces no hago nada?

—De momento, si consigues no tratarte con excesiva dureza, no confesarte rencor y soportarte a ti misma, será más que suficiente —alegó.

Posiblemente se trataba de la asignatura más compleja.

—Dentro de una semana, si has cumplido con lo convenido, te espero en el parque —continuó.

—¿Y si no lo hubiera cumplido?

—No tendría nada nuevo que contarte, sería una estupidez volver a vernos —expresó con contundencia—. Son solo tres normas: no «cenar fruta», hacer cualquier tipo de ejercicio, aunque sean cinco minutos, y dormir siete u ocho horas, acostándote a las once de la noche.

Samin se acercó, ofreciéndome su mano en señal de pacto.

—¿Hoy es el primer día de la nueva Alicia? —lanzó, esperando que sellara el compromiso.

—¿Hoy?

—Siempre mejor hoy que mañana, no hay que darle tiempo a la mente para que te convenza y fulmine tu propósito —aclaró—. Cuando llegues a casa, apuntarás en un folio una serie desde el número uno al veintiuno, dentro de recuadros a modo de casillas, tachándolos progresivamente después de cada día completado.

—Como si fueran los días que me faltan para salir de la cárcel —comenté, haciendo la gracia.

—Exacto, de tu propia cárcel —señaló—. No tiene barrotes; aun así, igualmente, te impide ser libre.

El nivel del agua iba aumentando y nos había arrinconado al fondo de la mini playa.

—Tenemos que irnos, la marea está subiendo —dijo Samin—. Por cierto, se me está cansando la mano de tenerla extendida.

Sin pensarlo, actuando con un insólito atrevimiento, estreché mi mano con la suya. Samin sonrió y yo le devolví la sonrisa.

No sabía si lo lograría, pero sí tenía claro que estaba ante el primer día que iba a tachar.

—Te espero en el parque el día número ocho de tu nueva vida —finalizó Samin, atravesando la pequeña caverna que hacía la función de entrada y salida, con el agua persiguiendo nuestros pies.

Capítulo XI

Esa primera semana de mi supuesta nueva vida acaeció con una monotonía exasperante, que se intensificó a medida que avanzaban los días.

En uno de los desolados dormitorios de mi piso decidí reorganizar el espacio. Aparté la cama, pegándola a la pared, y acondicioné una pequeña área de entrenamiento. Con una esterilla y una goma elástica como únicas herramientas, intenté emular los fluidos movimientos de un musculado joven, adaptándolos a mi impreciso estilo. De los vídeos que me había devuelto la búsqueda en internet de «tabla de ejercicios en casa», escogí el que me pareció más corto y sencillo. Solo eran quince minutos; aun así acababa sudando igual que si hubieran sido horas.

Sorprendentemente, el hábito de no «cenar fruta» me resultó menos duro de lo previsto. El primer día realicé la compra para toda la semana, excluyendo los productos prohibidos. No obstante, sabía que no sería suficiente, porque mi casa estaba infestada de ellos. Discurrí que si permanecían a mi lado sería mucho más fácil caer en la tentación que si tenía que bajar al supermercado a por ellos. Por tanto, opté por la vía más drástica, descartando lo que sobraba y, en una gran bolsa, fui introduciendo la que había sido mi fuente principal de alimentación: patatas fritas, chucherías, galletas, dulces de todos los colores y un variado caos de comida basura de la que, hasta no verla en conjunto, realmente no era consciente de su magnitud. Pude contabilizar catorce tabletas de chocolate, como si las coleccionara, evidenciando que mi ansia era más voraz que mi apetito.

También realicé el meritorio acto de verter una botella de vino, que había en el frigorífico, por el fregadero, alejándome de otro de mis leales compañeros. Pero todavía quedaba pendiente despedirme de la pareja que más veces me había besado.

Abrí la cajetilla de tabaco que me esperaba en el bolso. Aprecié el color dorado de esa boquilla y sentí el deseo de volver a tenerla entre mis labios, como ese destructivo amor al que cuesta olvidar. Finalmente, con bastante pesar, lo incluí en la bolsa de desechos, con el designio de que el adiós fuera definitivo.

Con la cocina reciclada de nutrientes, comer lo que procedía no era tan complejo, sobre todo porque el surtido seguía siendo amplio, solo tenía que organizarme un poco para que no se hiciera repetitivo. Por supuesto, echaba de menos muchos de los antiguos productos, si bien, aunque menos atractiva al paladar, la renovada carta salvaba mi mayor temor: no pasar hambre.

Samin no me limitó la cantidad, por lo que podía comer a demanda, sin menospreciar mi apetito. Obviamente, no hacía falta ser nutricionista para darse cuenta de que, aun así, no tendría el mismo impacto en mi cuerpo saciarme con alimentos saludables que hacerlo con el arsenal que había desterrado.

Me levantaba a las siete de la mañana, desayunaba, realizaba la sesión de ejercicio, me duchaba, preparaba el menú del día… y todavía me quedaba la tarde. Sin duda, planificarse era más productivo que improvisar.

La mañana se me pasaba casi sin enterarme; en cambio, por la tarde retornaba el tedio y, en consecuencia, la adicción al móvil y al sofá. La ventaja de cenar pronto era que también se acababa antes este periodo y resultaba soportable. Sin embargo, la noche y el pavoroso momento de acostarme igualmente se adelantaba, y eso no era tan deseable.

La inquietud se agolpaba en cuanto reposaba mi cabeza en la almohada y cerraba los ojos. Trataba de hacer caso a Samin, poniendo mi mente en «modo avión», pero sus notificaciones eran tan insistentes que no podía omitirlas. Por mucho que me empeñara en desatender la voz interna, esta no cesaba de atosigar.

Iniciaba la respiración abdominal, siguiendo las indicaciones de Samin; no obstante, algo debía fallar. No sabía si el motivo era una ejecución deficiente, porque lejos de relajarme, como se suponía que debía suceder, me agitaba más todavía y notaba un mayor agobio al contener el aire, instigándome a soltarlo rápidamente. La ansiedad aumentaba y percibía que, en lugar de acercarme al sueño, se producía el efecto contrario. A pesar de ello, para ser justos, era cierto que al final llegaba y, cuando el despertador anunciaba el inicio de una nueva mañana, tenía sensación de haber descansado.

Durante los tres primeros días empecé con ganas y muy pendiente de las instrucciones. Me sentía animada y con determinación firme de cumplir con esa cruz, marcada con rotulador rojo, que plasmaba, al mismo tiempo, un día más logrado y un día menos en la lucha por domesticar mi propia voluntad. Pero esa ilusión inicial por tachar el numerito diario paulatinamente fue perdiendo interés y desapareció su condición de suculento incentivo.

Conforme avanzaba la semana, fui percibiendo el ejercicio físico más monótono, lo que me hizo activar de nuevo el freno de la pereza, postergando el momento, a veces, hasta última hora de la tarde. Lo mismo sucedía con la comida: dejé de esmerarme en la elaboración de platos y recaí en una rutinaria práctica basada en la comodidad, ingiriendo, a menudo, lo mismo en el almuerzo que en la cena.

La motivación se desintegraba con el avance de los días, resultando el despertador un fastidio que cumplía su cometido y lograba sacarme de la cama, aunque meramente como una obligación para no perder el juego en el que estaba inmersa, un juego que comenzaba a hartarme.

Mi confianza en el método de Samin iba cuesta abajo, y pronto llegó el respaldo de mi cantinela personal para reforzar el declive: «No vas a conseguir nada con lo que haces», «ya es suficiente para darte cuenta de que estás perdiendo el tiempo», «no ves que te encuentras peor que antes».

Los dos últimos días mi aguante había llegado al límite. Seguía cansada, furiosa, angustiada, asqueada... y la aguja de la báscula únicamente había descendido cuatrocientos míseros gramos. ¿Merecía la pena continuar en esas condiciones?

Probablemente no, pero aun así continué. No lo hice por mí, la razón que me alentó a terminar la semana fue poder visitar a Samin para informarle de que lo dejaba. Lo había intentado, pero no tenía sentido llegar al día veintiuno para probar que la fórmula no funcionaba, al menos conmigo.

Taché el número siete de mi particular calendario, concluyendo, al fin, el primer asalto. Antes de marcharme a la cama, entré en el aseo para lavarme los dientes y comprobé que el espejo persistía como un férreo adversario. Haciendo caso a Samin, me contuve, esquivando decirme a la cara la inquina que me profesaba.

Sonó en mi reloj la alarma de las once de la noche, que me advertía del término de la jornada. Tocaba afrontar el habitual combate nocturno. Mientras ejecutaba las respiraciones, tendida en la cama, mi mente comenzó a divagar sobre lo que le contaría a Samin, los sobrados argumentos que existían para desistir. Tenía la sensación de que había encolerizado a mi fiera interior y ahora estaba pagando las consecuencias de esa osadía, sobrellevando una implacable congoja.

El runrún meditabundo no constituyó un impedimento

para caer rendida y, como si únicamente se hubiera producido una extensa pausa, la alarma volvió a tintinear, en esta ocasión para avisarme de que eran las siete de la mañana. Inmediatamente recuperé a Samin en mi cabeza; había llegado el momento de hacer balance de la sinuosa semana.

Después de desayunar regresé al parque, que se había convertido en el testigo de nuestras citas. Estaba satisfecha, porque poseía la prueba de que había cumplido con el acuerdo, aunque tenía claro que le pondría fin.

Samin ya se encontraba sentado cuando llegué, parecía que viviera en aquel banco.

—Me alegra que estés aquí —dijo—. Eso significa que te mantienes en la senda.

—Pues sí, al menos hasta hoy —respondí, enseñándole el papel donde había tachado los siete primeros números.

—Te felicito —expresó—. Sinceramente no estaba seguro de volver a verte.

—Bueno, de eso quería hablarte. —Aproveché para sacar el tema—. Podemos quedar de vez en cuando, me agrada charlar contigo, pero no quiero aguantar este control diario.

—Mi papel no es entretenerte —reprochó Samin con seriedad.

—No pretendía decir eso.

—Has completado una semana entera cuidándote, posiblemente sea más de lo que has hecho en años.

—No digo que no vaya a seguir haciéndolo, aunque tampoco deseo estar sujeta a una rutina.

—¿Acaso no lo estabas antes de conocerme?

—Puede ser —admití con dificultad para hallar una defensa idónea—. Si te soy sincera, tengo la impresión de que he retrocedido en lugar de avanzar, me encuentro peor que antes, más tensa, más irascible, más agitada, incluso más deprimida, y eso que solo llevo siete días.

—Pues esa es la razón: que solo llevas siete días.

—Lo dices como si fuera un tratamiento.

—Es un tratamiento —aseveró Samin—, y no puede valorarse hasta que finalice.

Esa tajante afirmación contuvo mi discurso. Le dejé proseguir.

—Imagina que te conviertes en la nueva jefa de una empresa que era un desastre, donde siempre se habían hecho las cosas de la misma manera: sin dedicación, sin ganas, sin planificación. De repente llegas tú y empiezas a cambiarlo todo, a prescindir de lo inservible y a poner a cada uno en su sitio. ¿Crees que te van a recibir con los brazos abiertos? —sondeó Samin, sirviéndose de sus característicos ejemplos.

—Evidentemente, no.

—A pesar de que no te guste tener al personal revuelto, estarías realizando lo más provechoso para la empresa, ¿no crees?

Moví mi cabeza, confirmando.

—Tú has hecho lo mismo. Sin previo aviso, has dejado de fumar, de beber, de comer porquerías, y encima estás imponiendo tu horario y tus propias reglas. De manera similar, encuentras oposición y resistencia, porque a tu mente tampoco le gusta que le hagan madrugar, que le prohíban sus vicios favoritos, que le quiten sus deliciosas comidas o que le digan lo que tiene que hacer, cuando siempre ha campado a sus anchas —relató—. Si conservas la autoridad, esa sublevación inicial se irá sofocando poco a poco y te harás respetar. Con el tiempo, tu mente se adaptará a tu estilo, entendiendo que los cambios, en el fondo, fueron beneficiosos y, lo más importante, sabrá que la jefa y quien toma las decisiones eres tú.

Quedé pensativa, acreditando cómo, de nuevo, Samin encontraba la forma de desmontar mis argumentos y darle la vuelta a mi creencia.

—Te estás desintoxicando y experimentas una especie de «mono» interno que provoca esa reacción rebelde de tu organismo, pero no te preocupes porque es temporal —comunicó—.

Necesitas paciencia. Si no te rindes y te mantienes firme, la codiciada paz llegará.

—¿La paz mental? —pregunté, para cerciorarme de que se refería a ese pilar de la salud del que me había hablado.

—Correcto.

—Pues espero que sea pronto —murmullé—. Tengo la sensación de que estoy más lejos que nunca, por no hablar de…, bueno…, nada.

—Cuéntame —solicitó con tono afable.

—Es que vas a pensar que estoy loca, de hecho, muchas veces yo misma creo que lo estoy.

—Seguro que no voy a pensar eso —indicó, mostrando empatía—, puedes decírmelo.

—Es como si tuviera a alguien dentro de mi cabeza —logré arrancar, con dificultad para expresarlo—. Una voz que me dicta constantemente, diciéndome lo que soy o no soy, lo que debo o no debo hacer… Es insoportable.

—Te entiendo —pronunció sonriente.

—¿De veras lo entiendes? —consulté, aliviada de sentirme comprendida.

—Tranquila que no estás loca, todos vivimos con esa voz.

—¿Y de dónde narices sale? —quise averiguar.

—De tu cerebro —concretó.

Esa respuesta captó mi atención y me dio esperanzas de entenderlo.

—Este monólogo interno suele generarse en la red neuronal por defecto y áreas del sistema límbico —continuó la explicación—. Se origina de forma automática y está basado en experiencias pasadas, emociones y creencias arraigadas. Podríamos decir que es el eco del niño que has educado dentro de ti, reproduciendo aquello que le has inculcado a lo largo de los años. Si le enseñaste que eres una fracasada, la voz se encargará de repetírtelo —ejemplificó—. Es un proceso mental inconsciente que no puedes evitar; sin embargo, sí puedes influir en su contenido con práctica. La clave es reeducar esa voz para que sepa que no eres una fracasada, que eres valiosa, y que eso es lo que deseas que te recuerde.

—Pero si la voz actúa de un modo automático, no la puedo controlar —razoné.

—No de una manera inmediata, aunque sí tienes control sobre cómo reaccionas a ella —aclaró—. A través del pensamiento consciente, que proviene de la corteza prefrontal, puedes identificar lo que está rumiando la vocecilla y regular, modificar o suprimir su mensaje cuando este no te conviene.

Deduje que esa podría ser la razón de que, a veces, tuviera la sensación de que se añadía una segunda voz y debatían entre ellas.

—Me parece muy interesante, aunque no estoy segura de entenderlo por completo —reconocí.

—Tampoco hace falta. Yo aprieto un botón y envío un correo desde mi móvil al tuyo. No me importa comprender la tecnología que hay detrás de ese proceso, lo que me interesa es saber el botón que debo presionar —dijo Samin—. En la vida hay muchas cosas cuyo funcionamiento exacto no conocerás, pero lo fundamental es hacerlas funcionar. Por eso nos vamos a centrar en que tu mente funcione de manera correcta, que es lo único que necesitas entender. Intentaré explicártelo con el talante que lo haría un buen profesor.

—¿Cómo lo haría? —pregunté intrigada.

—De la forma más simple posible.

En eso coincidía, fundamentándome en mi experiencia como estudiante, mis mejores profesores no fueron los que derrochaban conocimiento, sino aquellos que tuvieron la capacidad de transmitir ese conocimiento de un modo inteligible, poniéndose en mi lugar.

—Partiendo de que existe un proceso mental consciente y otro inconsciente, hay que trabajar para mejorar ambos. —Comenzó Samin su exposición—. Tu vocecilla interior, esa que está todo el día maquinando y dictándote, es la que refleja el pensamiento inconsciente y, simplemente, está haciendo lo que ha aprendido o, mejor dicho, lo que le has enseñado a través de tu discurso negativo durante años, los límites que te has impuesto, las preocupaciones imaginarias, los miedos infundados o tus frustraciones pasadas. No naciste con ese historial instalado, solo es el resultado de un largo proceso de aprendizaje. Tu voz actúa de la forma que sabe, porque tú la educaste así.

—Yo no le he dicho que quiera sentirme mal —refuté, descargándome de responsabilidad.

—Lo que quieras o no quieras es indiferente, lo único que importa es lo que haces —objetó—. Si quieres sentirte bien, tu cerebro debe disponer de las señales adecuadas.

—¿Y cuáles son esas señales?

—Como te he comentado antes, tienes que realizar una profunda reeducación para modificar el mensaje que recibes. No sirve de nada decir que quieres estar bien y, al mismo tiempo, hacer justo lo contrario —indicó.

Samin se levantó, tendiéndome la mano para que también me pusiera en pie. Se situó frente a mí, observándome con detenimiento.

—¿Cuánto tiempo llevas sin reírte? —preguntó.

—Demasiado.

—Se nota —afirmó—. Tu boca ha adoptado una curvatura descendente, que te acompaña a todas partes. Eso la mente lo interpreta como angustia o tristeza.

Se separó un poco, posando una de sus manos en mi espalda, en la zona de las dorsales.

—Tus hombros están adelantados y los brazos totalmente caídos —informó—. ¿Cómo pretendes tener un buen ánimo en esa posición? Está demostrado científicamente que la postura influye en el ánimo, si te pones erguida, con la vista apuntando al frente y la cabeza alta, tu estado de ánimo mejorará.

Samin siguió examinándome.

—Fíjate en tu mandíbula, a simple vista se observa tensa —agregó.

Inmediatamente dejé de apretar los dientes.

—Lo mismo ocurre con tu entrecejo, que está ligeramente fruncido —dijo—, esa tensión, pese a que no la percibas, denota que te encuentras en alerta permanente. Cuerpo y mente están conectados en una constante comunicación que influye en tu estado emocional. Si sonríes, aunque sea de una manera forzada, liberas endorfinas; si te relajas, estarás combatiendo el estrés y la ansiedad; si caminas erguida y con la cabeza alta, aumentarás tu confianza y autoestima. Pequeños gestos pueden influir en la forma de sentirte.

No negaba que pudiera tener razón. De todos modos, ¿qué podía hacer yo? Bastante tenía encima, como para estar pendiente de si estaba seria, tensa o encorvada.

—Tu mente absorbe lo que le enseñes —aclaró Samin—. Cada vez que crees que no serás capaz, le estás enseñando a no serlo; cada vez que te tratas mal, le estás enseñando a tratarte mal; cada vez que criticas, le estás enseñando a criticar; cada vez que envidias, le estás enseñando a envidiar; cada vez que te quejas, le estás enseñando a quejarse…

—¿Y qué hago si tengo razones para quejarme? —protesté, cortando la secuencia de malas prácticas.

—Todo el mundo las tiene, no eres una excepción —rebatió—. El problema surge cuando se convierte en una herramienta universal, válida para todas las situaciones, cuando caes en la queja sistemática, que reconforta mucho, pero soluciona poco.

Esa queja sistemática llevaba viviendo conmigo mucho tiempo, me cargaba de rabia y justificaba mi lastimera vida, sumiéndome en una espiral donde solo hallaba obstáculos a mi alrededor, que parecían colocados a propósito.

—No niego que tengas razones para quejarte; sin embargo, también las tienes para agradecer y pasan inadvertidas. ¿Por qué no se las enseñas a tu mente?, ¿por qué no le enseñas a disfrutar el presente?, ¿a mantener la calma?, ¿a confiar?, ¿a ser valiente?, ¿a conservar la ilusión?

—¡Porque eso sería engañarme! —clamé.

—Ahora también te estás engañando, la realidad se puede apreciar de diferentes maneras, y tú estás viendo la que has elegido.

—Pues a lo mejor la he elegido, pero no puedo evitar verla de un modo horrible.

—Eso también se lo has enseñado a tu mente. Cuando tú cambies, la voz interna también cambiará y, por consiguiente, tu realidad.

—¿Y qué tengo que hacer? —inquirí, cediendo a la posibilidad de poder participar en ese fin.

—Necesitas estimular y potenciar tu parte consciente, la que se da cuenta de lo que está sucediendo, aunque en tu caso no se entera de nada, porque se encuentra completamente anulada —detalló—. El objetivo es que pase a un primer plano y tome el control, actuando de supervisora. Su función no consiste en evitar que surjan pensamientos, puesto que esto no es posible, sino en aplicar los filtros necesarios para desechar de inmediato aquellos que son perjudiciales.

—¿Cómo? —requerí.

—A través de la atención, que es el elemento diferencial para que un pensamiento se instale, convirtiéndose en creencia, o simplemente desaparezca. Por eso es importante no alimentar los pensamientos dañinos, rehusando prestarles atención. Siempre que tu vocecilla aparezca para atacarte y generarte malestar, no te enfades, no discutas con ella, no te pongas a la defensiva, no le hagas caso, solo ignórala; la indiferencia es su criptonita.

»Limítate a actuar igual que si fueras un vigilante de seguridad controlando quién entra en tu cabeza: eres una preocupación imaginaria que no me interesa…, fuera; eres un pensamiento de carencia…, fuera; eres un sentimiento de envidia…, fuera; eres un incipiente miedo gratuito…, fuera. O por el contrario: eres una emoción de alegría…, te quedas; eres un pensamiento de superación…, te quedas; eres un estímulo ilusionante…, te quedas; eres una sensación de satisfacción…, te quedas. Así conseguirás filtrar los pensamientos, identificar los que son perjudiciales y borrarlos directamente.

Su planteamiento era opuesto a mi estilo habitual de proceder, siempre obediente a mi voz, recibiéndola con atención, dejando que condujera mis emociones a su antojo.

—Al principio te va a costar, como cuando aprendes a conducir, que estás pendiente de cambiar de marcha, poner el intermitente o pisar el embrague, aunque con la práctica lo automatizarás y tu mente comenzará a funcionar de una forma coordinada. A través de tu control consciente, podrás modificar la manera de hablarte y también tu lenguaje corporal, decidir los pensamientos y sentimientos que se quedan o eliminas, agradecer tus logros y establecer los hábitos deseados. De este modo, tu esfera inconsciente irá adaptándose progresivamente a las demandas de la nueva Alicia, asimilando las normas que vas introduciendo, reemplazando, con el tiempo, los esquemas previos que existían.

—No sé qué decir, tendré que creerte —aporté con una mezcla de confianza y escepticismo.

—No hace falta que me creas, pero, al menos, haz la prueba —sugirió Samin—. Conforme tu parte consciente alcance el control, la calidad del mensaje interno mejorará y la voz pasará de ser un incordio a ponerse a tu servicio, como si jefe y empleado se pusieran de acuerdo y trabajaran juntos en la misma dirección.

—Y supongo que eso hará que la empresa vaya mejor… y mi cabeza también —añadí, soltando una risotada de esas que me costaba recordar.

Samin me miró fijamente y percibí un brillo en sus ojos que

exteriorizaba su satisfacción al apreciar la inverosímil sonrisa en mi rostro.

—¿Nos vemos, tras el día veintiuno, en la cima de la primera colina? —preguntó, conectándose nuestras pupilas.

Esa tarde había llegado al parque con el convencimiento de poner punto y final, pero Samin había logrado transformarlo en un punto y seguido.

—Espero que las vistas compensen —finalicé.

Capítulo XII

De regreso a casa pasé al lado de un escaparate que me frenó en seco, como si me hubiera tocado en la espalda para avisarme de que se encontraba allí. Eran las dos de la tarde y contemplar en ayunas esa exposición de suculentos pasteles supuso un anzuelo irresistible. Me habría comido cualquiera de ellos, aunque, concretamente, había un hojaldre dorado relleno de crema que me miraba tan fijamente que parecía querer engullirme él a mí. Imaginarme su textura rozando mi paladar me hizo salivar.

«Entra y cómpralo», «no pasa nada por uno», surgió en mi mente.

Tardé unos segundos en reaccionar y, antes de que fuera tarde, actué en consonancia con la lección de Samin. No hubo debate, no admití más sugerencias, solo ignoré esa caprichosa voz que procedía del inconsciente, aparté la vista de ese pastel y continué mi camino, sorprendiéndome a mí misma.

Entré en mi apartamento, todavía con la imagen flotante del hojaldre. Nada más dejar las llaves, me dirigí al frigorífico, advirtiendo opciones que no tenían el mismo encanto seductor, pero cumplirían el objetivo de contener mi apetito. Me decanté por unas lentejas que yo misma había preparado. A pesar de llevar solo verduras, resultaron sabrosas y me saciaron, incluso antes de lo previsto. Muchas veces parecía que tenía un hambre atroz y después me llenaba antes de acabar el plato. Aunque no me había puesto un límite cuantitativo, mi estómago iba aprendiendo a decir «basta».

Después del almuerzo me trasladé al sofá y cogí el móvil, que reposaba sobre un cojín. Me chocó comprobar que la batería permanecía al ochenta por ciento, algo bastante inusual, ya que habitualmente no me aguantaba un día completo.

Mi dedo, como si estuviera programado, realizó su habitual ruta. Primero se detuvo en la aplicación de color verde, después pasó por la de color azul, continuó con la de color negro y finalizó el recorrido con la que mezclaba tonos naranja, violeta y rosa. En todas ellas actuaba de manera pasiva, viendo vídeos y fotos de otros, nunca aportaba nada personal, sobre todo porque tenía poco que aportar sin un cuerpazo del que alardear, sin fotos de mis pies delante de una playa caribeña, sin un bonito chalet con piscina, sin una habilidad especial que compartir o sin haberme forrado con las criptomonedas. Podría poner fotos de un precioso atardecer, de una cremosa taza de café o una frase de *El Principito*, pero… ¿para qué?, ¿para buscar un *like*?

Ver a tanta gente feliz, con sueños cumplidos, con retos superados y emprendimientos de éxito, me hacían sentir perdedora. Esas vidas, completas, lograban vaciar aún más la mía. No obstante, ¿eran reales? Quizá, igual que yo usaba una armadura para sobrevivir, ellos aplicaban el filtro de «belleza» en sus publicaciones para gustar a los demás. Sin embargo, ¿le darían «me gusta» a su propia vida?

Cerré la aplicación y guardé el teléfono en el bolsillo, evitando nutrir la insatisfacción. Permanecí unos minutos envuelta en un silencio que, al escucharlo, no resultó intimidante ni desagradable, sino que fue incluso liberador. Era evidente que mi vida no cumplía los estándares para ser publicada, pero no podía continuar desdeñándola y relegándola a la sombra de personas que ni siquiera conocía. No me hacía falta la aprobación ajena, el único «me gusta» que necesitaba era el mío; sin duda, el más difícil de obtener.

Repasé la conversación que había tenido con Samin y desglosé los aspectos más significativos. Para poder alcanzar esa ansiada paz, era fundamental activar la vigilancia mental de la que me había hablado. Siendo sincera, ese vigilante tenía por delante tanto trabajo que difícilmente sería capaz de mantener el espacio libre de intrusos.

La voz increpadora era incombustible y mi indiferencia parecía no afectarle, pues regresaba de forma reiterada con variados argumentos desestabilizadores, insistiendo con más ahínco cuando desatendía sus peticiones. Igual que un niño pequeño reclama la atención gritando y llorando con fuerza, esa voz emulaba la misma fórmula. Aumentaba su constancia, sin rendirse, y resultaba desesperante aguantarla.

Empecé a comprender por qué muchos padres dan a sus hijos lo que les pidan con tal de que se callen. El problema estriba en que el niño aprende a lograr lo que desea de esa manera, y cada vez las zapatiestas son mayores, porque sabe que agotar la paciencia tiene premio. Seguro que ese también era el objetivo de mi maquinal voz, puesto que la matraca le había funcionado para captar mi atención y cumplir sus premisas…, hasta ahora.

El vigilante no estaba dispuesto a ceder a sus chantajes. Ignoraba quién aguantaría más, no obstante, tenía instrucciones de no negociar y prohibir el paso, de manera taxativa, a cualquier pensamiento disruptivo, así que, en cuanto susurraba mensajes del estilo: «Hoy pasa de hacer la tabla», «es pronto para irte a dormir» o «te mereces una copita de vino», los enviaba directamente a la «papelera de reciclaje». Lo mismo hacía cuando los pensamientos iban dirigidos a perturbar mi estado anímico, persiguiendo provocarme angustia, miedo, pesimismo, abatimiento o nimiedad, entre un extenso etcétera. Según Samin me había advertido, este tipo de pensamientos tenían un especial peligro, siendo necesario actuar con rapidez para neutralizarlos, antes de que se convirtieran en sentimientos.

A la batalla de dominar el hábito de la voluntad, le añadí otro enfrentamiento. Una parte de mí debía luchar contra otra parte de mí, siendo mi papel apoyar al nuevo aspirante, para que mi esfera consciente alcanzara el trono, conquistando la corona del reino de mi cabeza. Además de fomentar su participación, con la constante vigilancia, para conseguir que se impusiera debía estimular acciones premeditadas que, poco a poco, fueran modificando el lenguaje de mi eco interior.

Siguiendo indicaciones de Samin y basándome en las ideas que él me dio, en un papel apunté cuatro frases con el objeto de que contribuyeran a sustituir a mis pensamientos recurrentes.

En escribirlas tardé solo un minuto, pero mucho más en crearlas. Cada vez que las leía me sentía ridícula y cambiaba alguna palabra. Después de uno cuantos retoques, las simplifiqué a la mínima expresión: «Estoy bien», «soy valiente», «dirijo mi vida», «lo estoy consiguiendo», fueron las consignas que escogí para repetirme.

Cuando las pronunciaba, tenía la sensación de ser una impostora, un fraude. Ni estaba bien, ni era valiente, ni dirigía mi vida y, mucho menos, creía que estuviera consiguiendo algo distinto a lo que tenía. Aun así, mentalmente las reproducía varias veces al día, instaurándolas de manera progresiva, hasta el punto de que no tenía que realizar un esfuerzo para rememorarlas, empezaron a manar ellas solas, igual que cuando se te graba el estribillo de una canción. Faltaba por comprobar si el placebo hacía efecto.

Otra de las acciones que decidí implementar fue expresar gratitud, que más que una asignatura pendiente era una asignatura inexistente. Me propuse agradecer un par de cosas cada noche y me di cuenta de que era un cometido mucho más farragoso que encontrar preocupaciones. Terminé por no devanarme los sesos, limitándome a agradecer el simple hecho de haber pasado el día con éxito, conservando activo el objetivo.

Pese al esfuerzo y contra mi propio pronóstico, la segunda

semana resultó ser más dura que la primera, ya que las expectativas alimentadas no se cumplían. La voz mantenía su insistencia y el vigilante mental, aunque permanecía en su puesto pugnando sin descanso, estaba exhausto y, en ocasiones, bajaba la guardia, siendo inevitable que se infiltraran indeseables pensamientos que me ponían a prueba.

Había días que no me apetecía entrenar..., pero seguí.

No siempre podía ignorar a la voz..., pero seguí.

La ansiedad no desistió..., pero seguí.

Mi reflejo en el espejo continuaba sin gustarme..., pero seguí.

Estuve a punto de mandarlo todo a la mierda..., pero seguí.

Seguí y seguí, sin tirar la toalla, confiando en que aún era pronto para sacar conclusiones, resistiendo en mi avance sin alzar la mirada para verificar lo que faltaba para llegar, asumiendo que, aunque no lo percibiera, estaba ganando altura.

Persistí, preservando vivo el acuerdo con Samin, a pesar del aparente estancamiento, porque cada noche, cuando estaba en la cama y daba gracias por haber tachado un nuevo día, me recorría una descarga de satisfacción, una breve sensación de sosiego, que era lo más cercano a la ansiada paz que había conocido, y esa tregua permitía dormir a mi cuerpo y despertar a mi esperanza.

El arranque de la tercera semana supuso el inicio de un cambio que empezó a entreverse. No sabía si se debía a que encaraba el último tramo o al trazado que había dejado atrás. En cualquier caso, dentro de mí estaba naciendo algo diferente.

Antes de que sonara el despertador ya estaba arriba, movida por una inédita energía que me incitaba a actuar, incluso fuera de la zona segura de mi casa.

Lo primero que hice fue subirme a la báscula, asumiendo el riesgo de la decepción, y alterar el flujo energético. El resultado, en efecto, lo alteró, aunque de manera positiva, al acreditar que había perdido cuatro kilos. Todavía me sobraban muchos pero, como decía Samin, lo fundamental era avanzar.

Me enfundé mi ropa deportiva y, empujada por el incipiente entusiasmo, me encaminé hacia el parque, en esta ocasión sin la intención de ver a Samin.

Justo cuando llegué al pequeño quiosco, activé el cronómetro de mi reloj y, con decisión, hice frente a una barrera que divisaba infranqueable. Comencé a trotar con la simple meta de completar una vuelta, un kilómetro, que para muchos sería insignificante. Sin embargo, para mí representaba un auténtico desafío. Mis movimientos eran descoordinados, notaba cómo las rodillas casi chocaban entre sí y los brazos oscilaban asíncronos, figurando que bailaba en vez de correr.

Resistí hasta que el reloj marcó cinco minutos. La fatiga se volvió acuciante y tuve que detenerme y terminar el itinerario caminando. Este fiasco no se le escapó a mi voz, que no tardó en manifestarse, burlona y crítica: «Te lo dije, correr no es para ti», censuró con malicia. Fiel a mi nuevo estilo, no permití que su opinión me aplacara y la silencié con hechos. Al día siguiente regresé al mismo lugar y finalicé esa vuelta sin pararme. El tiempo registrado no fue para enmarcarlo, pero la victoria no se encontraba en la marca, sino en la perseverancia, en levantarme y enfrentar la derrota.

No importaba que fuera un simple kilómetro, superarme significaba vencer, porque esa pequeña victoria se produjo contra mí misma, desbloqueando un «imposible» al que le había arrebatado el prefijo para hacerlo posible.

Esa acción impresionó a mi inconsciente, cerrándole la boca. Me había subestimado, y esta pequeña, aunque representativa demostración le hizo cambiar su creencia, destruyendo unos límites que consideraba implacables. La lección le caló hondo y, como si se hubiera dado cuenta de que se había equivocado, percibí que su confianza en mis posibilidades se invirtió. A partir de ese momento empezó a tomarme en serio y, en consecuencia, su discurso varió.

El sermón crítico y acomodado que trataba de perpetuar el

estatismo, paulatinamente fue aflojando su obstinación, consintiendo otras alternativas y, lo que era mucho más difícil de esperar, aleccionándose con las nuevas instrucciones. Ya no protestaba cuando tenía delante un plato carente de ingredientes que había considerado imprescindibles, incluso percibí que sus gustos estaban cambiando y ahora demandaba con frecuencia otro tipo de comida que jamás habría escogido antes.

Mientras hacía la compra en el supermercado, pasé por la sección de bollería y no sentí la inexorable necesidad de detenerme. Por supuesto que habría agarrado un cruasán recién hecho, pero no tuve un deseo irrefrenable, mi consciencia tomó las riendas.

De igual forma, acostarme a las once dejó de ser un suplicio y, a menudo, experimentaba cierta modorra con anterioridad; tampoco me costaba levantarme y dejé de percibir adversidad en las mañanas.

Una de las cosas que más me sorprendió sucedió el día dieciocho. Eran las ocho de la tarde y todavía no había realizado mi tabla de ejercicios. Lo esperable habría sido que la vocecilla me insinuara que no pasaba nada, que lo dejara para el día siguiente. Sin embargo, aconteció el milagro y el mensaje que recibí fue opuesto a lo previsto: «Antes de la cena tienes que entrenar». Me pareció increíble ese recordatorio. Por fin parecía que la parte consciente e inconsciente de mi cerebro se estaban alineando.

Gran responsabilidad del cambio de conducta se debía a mi vigilante mental, que había superado la fase de prácticas y estaba mucho más preparado para realizar su trabajo. Además de conseguir contener el avasallante empuje del pensamiento automático, había provocado que este fuera menos caprichoso e impulsivo, distanciándose del niño mimado que fue.

A partir de ese día dieciocho, mi ánimo despegó, volviéndose irreconocible. Tener la meta tan próxima auguraba el éxito, y esto me proporcionaba una inusitada motivación que se traducía en ganas de aprovechar el tiempo. El sofá dejó de ser mi refugio predilecto, utilizándolo con moderación, incluso lo reemplacé por algún paseo; lo mismo ocurrió con el móvil, del que conseguí desapegarme y, a veces, ni me acordaba de su existencia. Las redes sociales cada vez me atraían menos, no me apetecía seguir expuesta a la constante comparación, que solo me infundía una pobre sensación de inferioridad. El foco había cambiado, ya no tenía que desplazar la mirada fuera, mi vida comenzaba a ser visible y solo necesitaba compararme con la antigua Alicia para establecer las diferencias que quería rubricar.

Quedaban apenas tres días para juntarme con Samin y poder contarle que continuaba en el valle. Era consciente de que tenía en mi bolsillo el hábito de la voluntad y no iba a dejarlo escapar, a pesar de que tuve que lidiar con una prueba inesperada.

Al abrir un cajón de la mesita encontré un paquete de tabaco. Me puse nerviosa nada más verlo, porque no estaba ante un mero antojo de hojaldre, sino delante de una adicción de muchos años. Retornó a mi cabeza su sabor, pero extrañamente no lo visualicé igual de sugerente que cuando fumaba; seguía siendo tentador, aunque había perdido atractivo. Como era de prever, la voz reapareció. Lo sorprendente fue que, otra vez, me animó en una dirección contraria a la habitual: «No caigas», decretó. Mi vigilante determinó que era lo más acertado y cerré el cajón sin vacilar. Un exiguo gesto que me otorgó otro triunfo.

Cuando concluyó el día veintiuno y tracé la cruz, la última cruz, me quedé contemplando la secuencia completa de números tachados en mi particular calendario. Visto desde el final no aparentaba ser un logro extraordinario, no obstante, si retrocedía y me adentraba en cada uno de esos números, de esos días en los que vencí los frenos, luchando contra mis convicciones, contra mi propia cabeza, ampliando mi reducida frontera para demostrarme que era capaz de conquistar mucho más de lo que tenía, imponiendo orden donde solo había caos… Entonces podía sentirme orgullosa.

—Gracias —lancé al aire sonoramente, con la certeza de que, aunque estuviera sola, alguien dentro escuchaba.

COLINA
DEL
COMPROMISO

Capítulo XIII

El frecuentado parque había tendido su alfombra de hojas secas para que yo atravesara la pasarela como una celebridad, esperando el reconocimiento de Samin que, para no perder la costumbre, ya se encontraba sentado en el banco.

—Cabeza erguida, curvatura labial ascendente, paso relajado y seguro —describió al verme llegar—. Tu cuerpo me informa de que las señales han cambiado.

Sonreí al escuchar su apreciación.

—¿Y? —preguntó escuetamente, esperando a que le confirmara lo que intuía.

Le mostré el calendario con los veintiún días tachados, otorgándole, de esta manera, la respuesta.

—Enhorabuena, Alicia —enunció—. Has ascendido la colina del compromiso.

—¿Del compromiso? —indagué.

—Te lo explicaré después, primero vamos a celebrarlo.

—¿A celebrarlo? —volví a repetir la última parte de su frase, como si fuera un loro.

—Estamos acostumbrados a castigarnos por lo que no conseguimos y menospreciar lo conseguido, pero debería de ser al revés —indicó—. Los logros siempre merecen celebración.

—¿Y qué propones?

—Solo un pequeño porcentaje llega a lo alto de esta colina.

Aunque todavía no lo estimes, es una hazaña muy importante —comunicó—. Te invito a comer en el restaurante Shadu.

—¿En serio? Adoro ese sitio.

—Pues con más razón, te lo has ganado —concluyó Samin.

Se trataba de un restaurante indio situado en el centro. A pesar de servir comida internacional y menos típica, que podría ser un inconveniente en una localidad pequeña, llevaba varios años abierto y se había consolidado como un referente gastronómico, al que acudían muchas personas de los alrededores.

Cuando llegamos al lugar, me extrañó comprobar que la mesa estaba reservada a mi nombre, como si Samin tuviera claro que esa comida se iba a producir.

El camarero nos acompañó y nos acomodó en un rincón muy acogedor, decorado con coloridos murales que representaban paisajes de la India. Nos entregó la carta y se marchó para dejarnos decidir.

—Me encanta el *pakora* —comenté—. Pero es fritura.

—Pídelo —dijo Samin.

—¿Hoy puedo cenar fruta? —pregunté sorprendida.

Asintió con la cabeza.

—Pues un *pakora* de verdura y *tikka masala* —confirmé mi elección—. El *naan* también lo pediría, lo que pasa es que es pan.

—No te preocupes —alegó Samin.

—Mejor pídelo tú y me das un poquito para probarlo.

Samin levantó la mano, reclamando la presencia del camarero, que vino presto a la mesa.

—¿Ya sabéis lo que queréis? —consultó, preparando su cuadernillo de anotaciones.

—Para ella *tikka masala* y *pakora* de verdura; para mí pollo *tandoori* y una ración de *naan* —concretó Samin.

—Perfecto —dijo el camarero mientras lo apuntaba—. ¿De beber qué vais a tomar?

Súbitamente, emergió el espejismo del granate jugo removiéndose en la copa.

—Agua —solicité, conteniendo mi impulso.

—Para mí una copa de vino blanco —demandó Samin, dejándome desconcertada.

Preferí no anticiparme y descarté realizar objeciones. No obstante, me resultaba curioso que, después de veintiún días ajustando mi alimentación con estricto cumplimiento, las restricciones se hubieran terminado de forma fulminante. De repente parecía que todo era válido.

—Cuéntame cómo te encuentras —requirió Samin.

—Mejor que antes —respondí.

—Todavía te intimida pronunciarlo, aunque es un principio.

—¿Pronunciar qué?

—Que estás bien.

—Es que tampoco puedo afirmar eso.

—A la gente le cuesta horrores decir que está bien, porque piensa que no es para tanto y utiliza frases imprecisas como fórmulas sustitutivas: «más o menos», «ahí vamos», «voy tirando». Decir «estoy bien» no significa que estés perfecta. Sin embargo, es otra forma de educar a tu mente y que, poco a poco, se lo crea.

—Pues justo esa frase me la he estado repitiendo estos días.

—Pero aún no te la has creído —expresó Samin, sonriendo.

—La verdad es que no.

—Estar bien o mal es subjetivo, igual que ver el vaso medio lleno o medio vacío, depende de tu percepción —explicó—. No te estoy pidiendo que hagas un balance global de tu vida, sino que te enfoques en el presente. Has concluido un gran reto, te has superado a ti misma y estás aquí, conmigo, en este bonito restaurante… Ahora mismo, en este preciso momento, ¿cómo te encuentras? —reiteró.

—Bien —murmuré.

—No te he oído.

—¡Bien! —repetí, aumentando el volumen.

Ambos reímos.

—Reconozco que estoy más animada, descanso mejor, mi ansiedad se ha reducido y, aunque todavía es pronto para hablar de paz mental, es cierto que en mi interior algo está cambiando de una forma que incluso me asombra.

Samin escuchaba con atención.

—También he perdido cuatro kilos —añadí.

—Eso es genial, aunque no te dejes asesorar por la báscula, puesto que no es un indicador de salud y no necesitas un número que confirme tu progreso —aclaró.

—Y he empezado a correr.

—¿De veras? —preguntó asombrado.

—Bueno, solo he llegado a un kilómetro.

—No está nada mal, es un kilómetro más de lo que corrías hace tres semanas.

—Muy gracioso —repliqué, perfilando una sonrisa.

—Y se te olvida lo más importante —anunció—. Has dominado tu voluntad, que constituía la verdadera finalidad.

El camarero se acercó y distribuyó los platos en la mesa. Vacié un bol de arroz sobre el *tikka masala* y lo mezclé con esmero.

—La voluntad es como un músculo que requiere entrenamiento —afirmó—. Cada mañana que te levantaste de la cama, aunque no te apeteciera; cada día que hiciste ejercicio a pesar de estar cansada; cada vez que dijiste «no» a la pereza, la excusa y la espera, entrenaste ese músculo. Un día tras otro fuiste capaz de controlar tus impulsos y ser disciplinada, enfadando a tu acomodada mente, que no entendía tus nuevas exigencias. La voluntad es la que determina si te detienes o continúas hacia delante, por eso era tan importante mantener su entrenamiento sin interrumpirlo, porque necesitabas fortalecerla.

—Pero hay una cosa que no entiendo, ¿a partir de ahora puedo hacer lo que quiera?

—Así es —confirmó, sin esclarecerlo.

—Pero…

—Pero vamos a disfrutar de la comida —continuó mi frase a su estilo—. Después hablaremos de eso.

Samin troceaba el pollo en pequeños fragmentos, masticando cada bocado lentamente, concentrado en el proceso. Me di cuenta de que, en comparación con él, yo iba mucho más deprisa, y acompasé el ritmo, saboreando también mi plato.

—¿Vas a querer postre? —sondeó Samin, una vez acabadas las viandas.

—No, estoy llena.

—Tienen unos postres caseros exquisitos, ¿estás segura?

Ante su insistencia me lo replanteé. Eché un vistazo a la carta y comprobé que, efectivamente, el surtido era bastante apetecible. Si me lo proponía, por supuesto que me cabía, aunque descarté realizar un exceso innecesario.

—Déjalo —ratifiqué.

—Muy bien, pues pido la cuenta.

Salimos del restaurante y comenzamos a caminar por un paseo peatonal que constituía el eje principal de la población, donde se aglutinaban las tiendas y las cafeterías desplegaban sus terrazas a ambos lados de la vía.

—Oye, Samin, ¿cómo es eso de que puedo hacer lo que quiera? —Volví a recordar, demandando una explicación.

—Dime una cosa, ¿qué habrías hecho si hubieras venido al restaurante hace un mes? —tanteó.

—No sé a qué te refieres —respondí confusa.

—¿Habrías pedido lo mismo?

Negué, comprendiendo el supuesto.

—Además de comer más, me habría bebido media botella de vino y, con independencia de que estuviera inflada, no habría perdonado el postre. —Describí cuál habría sido mi forma de proceder.

—Sin embargo, yo te dije que pidieras lo que quisieras, ¿lo has hecho?

—Sí.

—Me has visto tomar vino y tú decidiste beber agua; te animé a pedir postre y lo rechazaste... ¿Por qué?

—Porque he querido —contesté con rotundidad, reafirmando su punto de vista.

—¡Brillante! —exclamó Samin, satisfecho por mi respuesta—. Esta comida, aparte de una celebración, también ha sido una prueba de dominio de tu voluntad. Has elegido comer a engullir, porque tus preferencias han cambiado, porque tu corteza prefrontal comienza a enterarse de la película y ahora eres consciente de lo que quieres, y esa es la piedra angular que necesitas para construir tu vida.

»Cuando actúas de manera inconsciente, guiada por impulsos, sin reparar en lo que estás haciendo o en las consecuencias de tus actos, puedes pensar que eres libre, porque realizas lo que te apetece en cada momento, pero esa libertad es ficticia, puesto que vas sin rumbo, no eres tú quien tiene el mando —argumentó—. Eres libre cuando haces lo que quieres, porque sabes lo que quieres ser.

—Si quiero ser una persona sana, decido actuar de forma saludable, ¿no?

—Exacto, aunque es mucho más que eso, se trata de ser una auténtica líder que se mueve regida por unos principios, que sabe lo que le conviene y procede con coherencia —razonó—. Antes, en el restaurante, leíste la carta de los postres, evaluaste la situación y prescindiste de este. ¡Esa es la libertad!, cuando, teniendo la oportunidad de hacerlo, no lo haces, valoras y decides, porque posees autocontrol.

Evoqué el encuentro con el paquete de tabaco, unos días atrás, incitándome desde el cajón. Si me hubiera dejado arrastrar por el impulso inmediato, me habría derrotado, pero hice lo que quise..., continuar siendo exfumadora.

—¿Y si me hubiera pedido el postre? —pregunté, interesándome su opinión.

—Una vez que has adquirido el hábito de dominar tu voluntad, sabes controlarte a ti misma, no precisas prohibiciones ni obligaciones. Estás preparada para materializar los hábitos y metas que te propongas sin que nadie supervise, porque ya lo harás tú —especificó—. No solo eres fuerte cuando tienes la capacidad de resistirte ante un postre, también lo eres cuando puedes comértelo sin sentirte culpable después. No pasa nada por hacer algunas excepciones, eso no significa que seas débil; la fortaleza se demuestra con la constancia.

»Tal y como te he comentado antes, tu voluntad se entrena igual que un músculo, y la musculatura precisa de algún descanso para rendir mejor, porque hay una cosa importante que debes tener en cuenta: la esfera inconsciente de tu mente aprende de un modo literal, no razona, las normas las interpreta como leyes categóricas. Si le enseñas una estricta disciplina, de forma tajante, durante mucho tiempo, sucederá lo mismo que te ha pasado hasta ahora, pero al revés. Se volverá radical en el sentido opuesto y, si un día te excedes cenando o te saltas un entrenamiento, te hará tener remordimientos. La vocecilla interior se adaptará, inflexiblemente, a los preceptos que le instaures. Por eso podría pasar de no exigirte nada a exigirte demasiado.

Recordé que durante una etapa de mi vida había acontecido así: mi voz era tan exigente que vivía sometida a una continua tensión, con recurrentes sentimientos de culpabilidad por pensar que no hacía lo suficiente.

—Si te afanas de manera compulsiva en el trabajo, te sentirás desubicada al descansar o estar de vacaciones, y el estrés te puede jugar una mala pasada. De la misma manera, si el aprovechamiento productivo del tiempo se convierte en una obsesión, sufrirás *cronopatía* y no podrás relajarte, disfrutar de ocio, disponer de momentos distendidos o tomarte un café a solas. Tienes que distinguir entre hábito y adicción, si caes en una adicción, sea cual sea, continuarás sin dominar tu voluntad, porque la voz inconsciente volverá a imponerse y será de nuevo la que te dicte y ordene.

Por lo que entendí, debía educar mi mente con normas, pero sin ser tan rígida que no permitiera ni un solo desliz.

—Has conquistado la colina del compromiso, y eso implica que, a partir de este instante, adquieres un compromiso total contigo, la obligación se transforma en una elección que transciende lo temporal, no se limita a un periodo. No se trata de adelgazar para el verano, realizar un retiro espiritual o ponerte en forma para una carrera, sino que se convierte en tu nuevo estilo de vida. Tanto la salud como el bienestar mental y emocional suben al pódium de tus prioridades.

—Entonces ¿me olvido de tachar números y hacer el seguimiento?

—Ahora la inspección la impones tú, ya no tienes que fichar a diario, porque te has convertido en tu propia jefa, pero sí tienes que cumplir con tu trabajo —detalló—. Eso implica que te comprometes a dirigir tu vida conscientemente.

«Compromiso» era una palabra que siempre me había provocado alergia. Durante estos veintiún días, me lo había tomado como un desafío transitorio con fecha de caducidad. No obstante, me estaba pidiendo algo mucho más serio y espinoso, en especial por su carácter perpetuo.

—Toda la vida es demasiado tiempo —determiné.

—Observa lo que has logrado en tres semanas —sugirió Samin—, imagínate hasta dónde podrías llegar si no te detienes.

—No sé si seré capaz.

—Vivir es una competición en la que solo participas tú —precisó—. Simplemente te comprometes a ser responsable de tu vida y a coger las riendas, sin dejarla en los brazos de la inconsciencia, de la queja, de la suerte, de las excusas, del miedo, de la comodidad, de la apatía...

—¿Y si vuelvo a caer en todo eso que mencionas? —asalté con una nueva duda.

—Claro que caerás a menudo —afirmó Samin—. Tendrás entornos desfavorables que te dificultarán el avance, existirán preocupaciones reales e imaginarias y, muchas veces, tu vigilante mental se verá desbordado. Habrá días en los que te sentirás eufórica y otros deprimida; es inevitable, los sentimientos no se pueden ordenar como si fueran zapatos. La gran diferencia es que tu consciencia ha despertado y sabrás autorregularte y restablecer la situación siempre que sea necesario, porque ahora las soluciones no llegan por casualidad, eres tú quien las busca.

Samin hacía hincapié en mi autoridad como imperativo para conservar el liderazgo. Aun así, yo seguía divisando un muro, un difícil obstáculo para preservarlo de forma perdurable.

—Lo que me preocupa es cómo mantener ese compromiso a lo largo del tiempo —expuse mi inquietud.

—Sobre todo en la fase inicial son muy efectivas las recompensas y refuerzos positivos para motivarte, porque impulsan el «principio de Premack», que indica que hay más probabilidad de que una conducta menos deseada se realice si usamos una conducta más deseada como recompensa. Por ejemplo, escuchar la música que te gusta mientras entrenas; ir a tu restaurante favorito al término de la semana, si cumples los objetivos; echar en una hucha el dinero que ahorras en tabaco y concederte algún capricho a final de mes; establecer un sistema de puntos canjeables o cualquier otro premio que se te ocurra para estimularte —explicó—. Sin embargo, lo que servirá a largo plazo, activará los principales neurotransmisores del cerebro y hará que el compromiso sea sostenible es la motivación intrínseca, que subyace de sentirte bien, tener calma, encontrar satisfacción, bienestar emocional, adquirir una imagen positiva de ti, disponer de energía… Estas sensaciones son las que sellarán el compromiso, porque después de experimentarlas no querrás abandonarlas. Cuando levantarte sea placentero, cuando notes gozo en tu interior, cuando te sientas útil, cuando te valores, cuando tu reflejo en el espejo sea agradable y estés orgullosa de ti, no será un problema mantener el compromiso, ya que perseguirás aumentarlo. Irás aprendiendo, reajustando, perfeccionando e introduciendo nuevos hábitos, lo que hará que se allane el terreno conforme progresas, porque tu propia evolución será la recompensa, y ten la certeza de que cuanto más avances, menos desearás retroceder.

Escuchar a Samin me animaba poderosamente, solo faltaba que yo misma me convenciera, confiando en que los resultados de mis esfuerzos me conducirían a esa motivación intrínseca.

—Nos comprometemos con una pareja, con un trabajo e incluso con una entidad bancaria; en cambio, nos da miedo comprometernos con nosotros mismos —enunció Samin—. Quiero que pierdas ese miedo de una vez y te cases contigo.

Fruncí el ceño ante la extravagante proposición.

—Yo, Alicia, me acepto y prometo serme fiel en las alegrías y en las penas, en la salud y en la enfermedad, amarme y respetarme todos los días de mi vida —recitó Samin, con la solemnidad de un sacerdote celebrando una boda.

Solté una sonora carcajada.

—¿Aceptas? —lanzó Samin, mirándome a los ojos.

—Acepto —pronuncié, sin rebuscar ningún «yapero».

No tenía la certeza de conservar el compromiso, como sucede en cualquier boda, pero esa pregunta no iba dirigida al futuro. *Hoy estoy preparada para el «sí, quiero»*, asumí la decisión.

—¿Cuál es la siguiente colina? —indagué impaciente, con afán de seguir explorando el valle.

Samin desvió la mirada, apartándola hacia un lado de la calle.

—¿Te apetece un café? —preguntó, señalando la mesa libre de una terraza.

Capítulo XIV

Un manto de nubes ensombrecía el día y envolvía la localidad con ese habitual toque lánguido, acompañándole la frescura en el aire, que no era óbice para que la terraza luciera atestada de gente. Nos acomodamos junto a una estufa vertical, que caldeaba con intensidad, forzándome a despojarme del abrigo.

Aparté el sobre de azúcar y tomé un sorbo de café, sintiendo el amargor en mi boca. Ya me había acostumbrado a su sabor desnudo, sin necesidad de enmascararlo con edulcorantes. Posiblemente, esa era la clave para saborear cualquier cosa: descubrir su pureza.

Me encontraba relajada, no me molestaba el bullicio que me rodeaba ni los murmullos y conversaciones entrelazadas. Parecía que hubiera hallado una burbuja de serenidad, impidiendo que el exterior se infiltrara en mi propio espacio instigándome a regresar a casa, donde podía cerrar la cortina al mundo. Quizá, esa tranquilidad me la proporcionaba la plácida compañía de Samin o, tal vez, ya no tuviera la misma necesidad de huir.

—La próxima colina no es tan dura como la primera. A pesar de ello, puedes tardar mucho más en subirla, puesto que depende de tu capacidad de adaptación —anunció Samin.

—¿Adaptarme a qué? —pregunté con ingenuidad.

—A las circunstancias que te rodean.

Quedé pensativa, pensando en ellas.

—Para poder vivir con plenitud, primero debemos aceptar las circunstancias y, después, adaptarnos a ellas —reveló—. Es difícil hacerlo con las actuales; sin embargo, el desafío es aún mayor con las pasadas, ¿verdad? —Lo dejó caer, insinuando que yo tenía algo que aportar.

—¿Te refieres a las circunstancias que ocurrieron en el pasado?

—Eso es, aquellas que son del pasado, pero sigues reviviendo en el presente —aclaró—. Todos sufrimos heridas, la complicación se encuentra cuando no conseguimos curarlas.

Empecé a intuir adónde quería llegar.

—El pasado solo es un problema si vives en él —indicó Samin—. Los acontecimientos no se pueden alterar, aunque sí se puede modificar la forma de interpretarlos e incluso reescribir la historia.

—Eso es absurdo, una historia pasada no se puede reescribir —protesté.

—No puedes regresar para cambiarla, pero sí puedes continuarla —alegó—. Una vez que aceptas tu historia, tú decides si pasas página o sigues releyendo los mismos párrafos año tras año, si aprendes de ella o mantienes los errores, si sigues siendo víctima o protagonista, si vives con resentimiento o perdonas.

Según sus dictados, quedaba claro que mi parecer distaba mucho de la aceptación.

—¿Cuál es tu historia, Alicia?

La calma que me abrigaba comenzó a disiparse.

—¿Cómo sabes que tengo una historia detrás? —refunfuñé irritada.

—Todos la tenemos y, a juzgar por tu tono, no parece que sea de tu agrado —enunció—. ¿Qué tal fue la relación con tu padre?

La puntería de Samin era infalible, siempre sabía dar en el centro de la diana.

—Muy bien, hasta que se marchó cuando yo tenía once años.

—¿Por qué?

—Más que por qué, sería por quién —respondí, percibiendo cómo mi respiración adquiría velocidad—. Por culpa de mi madre.

—En ese caso, creo que será mejor poner el foco en ella —señaló—. ¿Qué hizo para que tu padre se fuera?

—Ser insoportable, una amargada incapaz de dar el mínimo amor —descargué mi inquina con dureza.

—¿Igual que tú?

—No te pases —advertí enfadada.

—Solo estoy preguntando.

Hice una extensa pausa, tratando de calmarme antes de enfrentarme a un sufrimiento que seguía vigente.

—¿A ti tu madre te besaba y abrazaba? ¿Te decía «te quiero»? Porque a mí no —increpé furiosa.

—¿Se lo dijiste tú? —rebatió Samin, que me estaba sacando de quicio.

—Pues no, tampoco, porque es difícil querer a alguien que no te proporciona ningún cariño, únicamente reproches, exigencias, mandatos, prohibiciones, tratándome como si fuera su vasalla en lugar de su hija —revelé.

—A ver si me estoy enterando —dijo Samin—. El que se largó fue tu padre; en cambio, tienes resentimiento con tu madre, que es la que se quedó contigo, ¿es así?

Ese comentario enardeció mis entrañas.

—Es que… tenía que hacerlo…, bastante tormento fue aguantarla para mí —argumenté con imprecisión, sin saber realmente justificar la ausencia paterna.

—¿Volviste a saber de él?

Apreté los dientes y negué con la cabeza.

—Estaba muy lejos, creo que se fue a Brasil —indiqué.

—¿Y en Brasil no había teléfonos?

Me callé, desoyendo una obviedad que no quería reconocer.

—Ser madre no es fácil, Alicia —expresó Samin, suavizando el tono—. Es posible que te decepcionara y no llegara a ser la madre que deseabas que fuera, pero ten la seguridad de que lo hizo lo mejor que supo.

Continué en silencio, con la mirada apuntando a otro sitio.

—No solo me quedé sin mi padre, sino que después permitió que ese desgraciado se colara en nuestras vidas.

—¿De quién hablas? ¿Algún novio que tuvo?

—No exactamente, aunque lo parecía, porque le hacía más caso que a mí. «Un buen profesor debe ser exigente», «hace lo mejor para ti», eran las frases que usaba mi madre, excusando el trato que me propinaba ese supuesto profesor.

Samin intensificó su atención evidenciando interés, mientras yo seguía con mi relato.

—«No quiero verte llorar», «tienes que ser fuerte», repetía mi madre cuando me quejaba amargamente. Hasta que asumí que debía ser así.

Al acordarme de ese personaje, el odio retornó, alertando mi vigilante mental de que debía frenarlo para protegerme. No obstante, evocarlo me había llenado de rabia y sentía una apremiante necesidad de liberarla, por lo que desobedecí sus instrucciones.

—¡Él arruinó lo que se suponía que era mi etapa más feliz! —proferí con desprecio—. ¿Sabes por qué detestaba ser camarera?

Samin respondió con un rápido parpadeo, esperando a que prosiguiera.

—No es porque lo considere un trabajo indigno ni muchísimo menos, para nada. Ser camarera lo único que tenía de malo era que me conectaba con ese impresentable, porque siempre me decía que no servía ni de camarera —confesé rabiosa—. Al empezar a trabajar en el bar, la profecía fue una losa, que aumentó de peso cuando me echaron porque demostraba que él estaba en lo cierto.

Noté un sofocante nerviosismo y tuve que espirar por la boca para soltar el exceso de aire que rebosaba en mis pulmones.

—¿Esa persona te importa lo más mínimo ahora? —preguntó Samin.

—En absoluto.

—Entonces no merece tener un hueco en tu mente.

Esa afirmación era veraz. Pese a no estar en mi vida, seguía habitando en mi mente. Todavía podía escucharlo, como si continuara junto a mí y, aunque ya no podía dañarme, las secuelas de sus palabras perduraban.

—No lo necesitas en tu historia, no le dediques ni una sola línea más —apuntó Samin.

—No puedo.

—Sí puedes, pero no quieres, porque es más fácil seguir identificándote con esa historia que crear una nueva; porque es más cómodo justificar tu situación actual basándote en ese guion que dejarlo atrás y empezar de cero.

—Me hizo la vida imposible, ¿cómo quieres que lo olvide?

—De la misma manera que te olvidaste de fumar, encerrándolo en el pasado y apartándolo para siempre.

—Él pisoteó mi autoestima, hizo que me sintiera basura, masacró mi infancia.

—No puedes cambiar lo que te dijo o te hizo sentir, pero sí puedes elegir dejar de creértelo de una vez —determinó.

Samin tenía razón. Aun así, su perjuicio había sido tan dañino que parecía irreparable.

—Si exprimes una naranja, ¿qué sale? —lanzó súbitamente.

—Pues naranja —respondí a su evidente pregunta.

—¿Y si exprimes una piña?

—Piña.

—Exacto, siempre vas a obtener lo que exista dentro —señaló—. Ahora mismo si te exprimiera a ti, ¿qué saldría?

Hice un ejercicio introspectivo, analizando lo que había dentro de mí.

—Rencor —cercioré.

—El rencor es un sentimiento que únicamente te perjudica a ti. Aunque lo proyectas hacia otros, eres tú quien carga con él. La nueva Alicia no puede contener sentimientos autodestructivos —avisó Samin—. Tienes que exprimirte para vaciar hasta la última gota.

—Pero no puedo evitar sentirlo.

Samin interrumpió la conversación para pedir la cuenta. Nos levantamos y empezamos a andar en dirección al cercano puente que comunicaba las dos zonas de la población. Descendimos por una estrecha escalera metálica que conducía hasta una pasarela inferior, situándonos en el margen del río.

Samin se sentó en la orilla, apoyando su espalda en una columna.

—¿Para qué hemos venido aquí? —pregunté, colocándome a su lado.

—Para que te exprimas —desveló Samin.

—¿Qué?

—Saca todo el rencor que llevas dentro y no te dejes nada de recuerdo.

—¿Cómo? —cuestioné confusa.

—Dile a esa persona, que tanto daño te hizo, lo que te gustaría decirle.

Recapacité acerca de lo que me estaba pidiendo, sin entender qué sentido tenía lanzar mis lamentos al aire.

—Imagínate que lo tienes delante de ti —añadió Samin.

Realicé una inspección visual, a mi alrededor, para asegurarme de que no hubiera nadie cerca.

—Estamos solos, no te preocupes —indicó—. Vamos, Alicia, suelta lo que llevas dentro.

—Le diría que…

—No utilices el tiempo condicional —corrigió—. Habla como si estuviera enfrente de ti, ¡díselo a la cara! —me animó Samin.

Seguí su consejo y me metí tanto en el papel que visualicé su figura. Las rodillas empezaron a temblarme de forma incontrolada. Sentí pánico.

—No le tengas miedo, ahora eres tú quien tiene la palabra —susurró Samin.

—Me jodiste la vida —inicié la exposición con la voz entrecortada.

Samin acarició mi hombro, transmitiéndome seguridad.

—Fue horrible aguantarte día tras día, soportar tus broncas, tus gritos, tus insultos... ¡Me das asco! —grité, y la primera lágrima emergió—. Tenías razón, soy una fracasada y a lo mejor no sirvo ni de camarera, pero tú tampoco eres nadie, ¡solo un mierda! —vociferé, aliviando el dolor.

Con la manga de mi blusa retiré la humedad de mis mejillas.

—Eres un mierda, amargado, que te aprovechaste de la inocencia de una niña para descargar tu frustración —continué—. Porque tú también eres un fracasado. No vales nada. Eres escoria.

Conforme me iba exprimiendo, más se removía el rencor que me invadía, aumentando su solidez.

—Me has hecho daño, mucho daño..., ¡pero se acabó! —prorrumpí—. Porque ya no tienes poder sobre mí, porque no volverás a decirme lo que soy o no soy, lo que puedo o no puedo. Desde hoy estás fuera de mi cabeza. Ya no significas nada. Eres pasado.

Percibía cómo, poco a poco, me vaciaba.

—¿Sabes qué? —pregunté, como si realmente me escuchara—. Ya no me provocas rencor, sino lástima.

Reflexioné unos segundos, rebuscando lo que quería decirle exactamente.

—Y te perdono, aunque no lo merezcas, incluso deseo que te vaya bien, pero lejos, muy lejos de mí —pronuncié con parsimonia—. Ya no me importas, no me asustas, no cuenta tu opinión.

Tomé aire y grité con todo mi ímpetu, generando un extenso alarido que disolvía hasta los posos de ese rencor.

—¡¡¡No existes!!!

Me giré hacia Samin, que permanecía silente, todavía mirando al frente. Tenía los ojos vidriosos.

Durante unos minutos no dijimos nada, dejamos que solo hablara el sonido del río.

—Qué bien me he quedado —indiqué, rompiendo el mutismo.

—Lo has hecho genial —agregó Samin—. Sin habértelo pedido, has sido capaz hasta de perdonarlo, y eso es más de lo que esperaba.

—Supongo que perdonar es la única forma de apartar totalmente el rencor.

—Así es —confirmó—. Cuando perdonas, da la impresión de que el favor se lo haces al otro; sin embargo, verdaderamente, te lo estás haciendo a ti. El perdón es la llave de entrada al amor. Cuando consigas exprimir todo lo que te sobra, podrás llenarte de amor, y ese será tu nuevo jugo.

Un recóndito jugo cuyo sabor desconocía.

—Ahora tienes pendiente otra conversación; en esta ocasión sí es presencial.

Entreví de quién se trataba.

—Mi madre tiene alzhéimer. Da igual que la perdone, no lo va a recordar.

—Ella no, pero tú sí.

Con esa respuesta elucidé que el efecto era el mismo, que esa llave hacia el amor no se encontraba fuera, sino dentro de mí.

—¿Crees que necesito perdonarla para terminar de exprimirme? —consulté, validando una posibilidad que antes habría sido inadmisible.

—Es un paso importante, aunque insuficiente.

Lo miré extrañada.

—Solo podrás vaciarte completamente cuando obtengas tu propio perdón —apuntó—. ¿Hay algo que debas perdonarte?

—No. —Mentí, experimentando un ingente calor que sonrojó mis mejillas.

Capítulo XV

Eran las cinco de la tarde. Decidí enfrentar ese encuentro sin más demora. La residencia estaba a más de treinta minutos de camino, pero no me importó emprender el trayecto a pie. La pereza era uno de los frenos que más se había aflojado y, lo que antes me parecía infranqueable, curiosamente, ahora incluso me apetecía.

El recorrido discurría en paralelo al río, encontrando su escolta reconfortante. Nunca antes me había sentido atraída por su presencia, lo consideraba más bien un escollo que me obligaba a cruzarlo o bordearlo. Vivía en una localidad que contaba con el privilegio inusual de tener playa y río, dos elementos que, probablemente, eran la envidia de poblaciones vecinas. Sin embargo, para mí resultaban triviales, nunca les había otorgado valor y pasaban inadvertidos. Me centraba en destacar los defectos de un lugar que, en realidad, no me había hecho nada para aborrecerlo, porque ese sitio, que me vio nacer, no era responsable del monótono ritmo de mi rutina cotidiana. Su único delito era el de representar el espacio del que me creía presa, a pesar de no estar cercado.

Mientras acompañaba al río, me sentía una foránea en su propia tierra. Pude identificar el brillo del agua con el reflejo de las nubes, o su armonioso sonido al rozar las piedras, y me pregunté cuántas otras cosas, que siempre habían estado delante, me estaba perdiendo por no dignarme a descubrirlas.

Crucé la calzada, divisando la torre adyacente a la entrada principal, que anunciaba la proximidad de mi destino. Nada más acceder al jardín de la residencia divisé a Alfonso, ataviado con su inconfundible conjunto azul, sentado al lado de una mujer. Cuando la distancia se acortó, discerní que esa mujer, que me costó reconocer, era mi madre. Su imagen llevaba años siendo furtiva; al igual que el río, también me la estaba perdiendo. ¿De qué servía ir a verla si no la miraba con los ojos; si no la escuchaba con los ojos?

—Hola, Alicia, estamos aprovechando que ha salido un poquito el sol para tomar vitamina D —saludó Alfonso, risueño—. Bueno, Amparo, le cedo el sitio a su hija. —Se levantó, dejando el hueco libre.

Me senté junto a ella, convirtiéndonos en dos desconocidas que compartían asiento. La observé de cerca, escrutando cada trazo de un rostro que había abandonado cualquier vestigio de su antiguo rigor. Lo examiné sin reservas, consciente de que ella no notaría mi inspección, y atisbé una expresión muy remota a la que recordaba. Ya no exhibía sobriedad ni infundía la severidad que me había intimidado antaño, como si la batalla con la enfermedad la hubiera desenmascarado, revelando un cariz primitivo, tierno y compasivo.

No sabía determinar si ese semblante se había transformado o si la transformación se encontraba en mi mirada. Tal vez solo había grabado su perfil más rígido, el que me conducía a la disciplina, a la pretensión de que yo lograra lo que, quizá, ella no pudo, proyectando en mí sus propias frustraciones. Ese perfil, carente de afecto, había permanecido guardado en mi memoria, detestándolo sin concederle la oportunidad de redimirse.

Estaba distinguiendo una luz que me había negado a observar, que yo misma había eclipsado, porque la tiniebla era un cobijo cómodo que me permitía culparla de mi infelicidad. En esa obcecación de penumbra había borrado el esplendor de muchos momentos y secuencias que también existieron, que compartí con ese rostro que al fin podía reconocer, a pesar de que siempre convivió conmigo.

En la playa de las Catedrales no solo me acompañaba mi padre, también estaba ella. La mano que me guiaba hasta el colegio era la suya; la que pasaba las tardes repasando matemáticas conmigo fue ella; la que encendía las velas en mi cumpleaños, hacía de «reina maga», me alimentaba, vestía y arropaba por las noches, también fue ella. Se preocupó por mi educación, estudios y porvenir, puede que de forma excesiva en su empeño, anteponiéndolo al cariño, pero eso no implicaba que no me amara, solo que no supo expresar ese amor.

No fue la madre perfecta, aunque yo también disté de ser la hija perfecta. Mi padre se fue, yo me fui... Sin embargo, ella siempre estuvo en el mismo lugar, posiblemente anhelando, en silencio, el mismo amor que yo demandaba.

Es probable que Samin tuviera razón y debiera reescribir la historia, porque solo había tenido en cuenta una parte de esta, dejando muchos hechos al margen que también merecían ser narrados.

—Estás muy guapa hoy —pronunció de improviso, devolviéndome la mirada con un rápido movimiento de cabeza.

Desearía que ese piropo hubiera acontecido años atrás, con su mente sana. No obstante, no lo iba a desmerecer porque llegara tarde.

—Gracias, mamá. Tú también —respondí, devolviéndole el cumplido.

—¿Ya has vuelto del colegio?

Su memoria despegó hacia su particular pasado. En otra ocasión le habría increpado, zanjando su desvarío con una corrección abrupta, recalcándole que ya no era una niña en edad escolar. En cambio, esta vez me uní a su retrospectiva, compartiendo el viaje.

—Sí, ya he regresado —respondí.

—¿Te has divertido?

Esa pregunta giraba el esquema de mi recuerdo, donde lo previsible habría sido que me preguntara por la nota del último examen.

—Mucho —contesté.

Ella sonrió.

—¿Cuál es la asignatura que más te gusta? —indagó de nuevo.

—Música.

—¡Igual que a mí! —replicó emocionada—. Me encanta la música.

Como si se hubiera producido un chispazo en su hipocampo, empezó a tararear una canción francesa que, a pesar de su deficiente entonación, reconocí de inmediato.

—¿Cómo sigue? —solicitó ayuda, al quedarse atrapada en la primera estrofa.

—*Quand il me prend dans ses bras* —pronuncié con la garganta anudada, tratando de emular, discretamente, a Edith Piaf.

—*Qu'il me parle tout bas* —continuó ella.

—*Je vois la vie en rose* —entonamos al unísono.

Al terminar la frase, con una coordinación que parecía ensayada, nuestras cabezas se inclinaron hasta tocarse suavemente, forjando una sinergia que, por un instante, destiñó la opacidad y, al igual que en la canción, también se coloreó de rosa.

—¿Tienes que estudiar hoy? —preguntó, conservando nuestras cabezas selladas.

—No —respondí al azar.

—Entonces podemos pasar la tarde juntas —propuso con entusiasmo—. Podemos ir al cine, a jugar al parque o…, ¡a montar en bici! ¿Qué te apetece?

—Todo, me apetece todo —musité con la voz quebrada.

La que respondió no fui yo, sino la Alicia de once años, que habría cambiado cualquier cosa por esa pregunta.

Estábamos recreando un pasado distorsionado, una función

teatral con un improvisado guion adaptado. Pero estaba sucediendo ahora, y eso lo convertía en presente. Me di cuenta de que ella, sin ser consciente, también estaba reescribiendo su historia… y me estaba fascinando.

Separó su cabeza de la mía y fue como si ese gesto accionara un interruptor, variando la escena.

—¿Lo has visto? —inquirió, recuperando la recurrente pregunta.

Me molestó salir de la dulce quimera. Aun así seguí con la representación.

—Sí, lo he visto —respondí, sabiendo a quién se refería.

—¿Y qué te ha dicho? —insistió impaciente.

—Que te quiere mucho —dije sin intención de engañarla, solo tratando de ayudarla a reformar ese episodio.

Su sonrisa se explayó tanto que parecía que iba a fragmentarse.

—¿Va a venir a verme?

—Sí, muy pronto vendrá.

Esa afirmación sació su sed inquisitiva. Con la sonrisa instaurada, quedó enredada en su propia fantasía. Aproveché para compartir esa fantasía, que también fue la mía durante mucho tiempo. Imaginé que mi padre regresaba. Cerré los ojos y construí mentalmente ese momento, que tantas veces había soñado. Entró por la puerta con una maleta cargada de juguetes, traídos desde el otro lado del Atlántico. Pude ver, con transparencia, cómo me encaramaba en su cuello y le cubría la cara de besos, mientras me balanceaba, moviéndose en círculo, para después subirme sobre sus hombros de la forma que tanto me gustaba, porque su sostén en las alturas me hacía sentir invencible.

La estampa era tan hermosa que mi vello se erizó y una placentera sacudida recorrió mi cuerpo. Abrir los ojos fue similar a quitarse las gafas de realidad virtual. Aun así no tuve una sensación decepcionante, porque había disfrutado la experiencia. Mi imaginación había estado llena de numerosas ficciones a lo largo de mi vida, igual de irreales, aunque me empeñé en creerlas y eso hizo que, sin serlo, parecieran verdaderas.

Ya era hora de admitir que mi pasado también estaba desfigurado. Puede que mi padre se marchara porque no soportaba más a mi madre o porque ella lo echó, como elegí pensar. Pero ¿qué le hice yo?, ¿por qué me olvidó?, ¿por qué no volvió? Era su «pequeña», ¿por qué dejé de serlo?

Las preguntas, que habían permanecido ocultas para no desmoronar el relato que me había contado a mí misma, brotaron demandando una explicación que ignoraba, que ya no iba a obtener, pero tampoco iba a seguir justificando lo que hizo y culpándola a ella.

Perdonar a mi padre era sencillo porque, a pesar de todo, nunca le había guardado el mínimo rencor. Sin embargo, llegaba el turno de quitarme de nuevo las gafas de realidad virtual y mirar a la persona que me dio la vida y me entregó parte de la suya, con mis propios ojos.

Comprendí que no tenía que perdonarla, sino realizar otra acción que requiere mayor coraje, especialmente cuando es tu primera vez.

—Mamá —pronuncié, cogiéndola delicadamente de la barbilla para voltear su cara hacia mí—, perdóname.

Me costó pronunciar esa palabra, porque pedir perdón es mucho más difícil que perdonar; pero comprobé que hace magia en el interior.

Mi madre me miró con dulzura y su dedo índice inició un lento recorrido por mi cara, explorándola. A continuación, el resto de los dedos se posaron en mi sien, rozándola con suavidad.

Me quedé inmóvil, disfrutando del cosquilleo que me producía su tacto.

—Mi hija. —Descifré un leve susurro que apenas llegó a los oídos; en cambio, retumbó en mi corazón.

Como hacía siempre que me despedía, besé su frente; esta

vez con sinceridad en mis labios. Los dejé reposar durante un largo lapso, sellándolos para impregnarme de la esencia de su piel.

Con ese prolongado beso, culminamos la reconciliación con un pasado que, curiosamente, comenzaba en el presente, con la intermediación de una enfermedad que le había robado la memoria, aunque, de forma inexplicable, le había devuelto el amor.

Capítulo XVI

Salí de la residencia con una gratificante sensación de sosiego. El día estaba resultando intenso y había removido emociones que, de pronto, despertaron agolpándose poderosamente, urgiendo la necesidad de enfrentarlas. También sentía que había despertado de un letargo que me había mantenido adormecida, víctima de un interminable drama.

Ya en el exterior, me topé con Alfonso, que estaba quitándole el candado a su moto. Había intercambiado el conjunto azul, propio del trabajo, por unos vaqueros y una sudadera con capucha que le otorgaban un aspecto más juvenil.

—¿Has terminado por hoy? —le pregunté al pasar a su lado.

Alfonso, conservando la posición en cuclillas, se volvió hacia mí.

—Sí, acabo mi jornada ahora —confirmó.

Le sonreí y continué avanzando.

—Espera, Alicia —solicitó—. ¿Quieres que te acerque al centro?

—Gracias, no hace falta —respondí, aunque verdaderamente me encontraba un poco cansada para emprender otra larga caminata.

—Tengo otro casco para ti. ¿Seguro?

—Vale, está bien —acepté.

Ocupé la parte trasera de la moto, amarrándome a la chaqueta de Alfonso. Nada más arrancar el motor, aceleró con brío y experimenté una rápida sacudida que me empujó contra su cuerpo, rodeando su cintura con ambas manos para mantener la estabilidad.

En pocos minutos nos plantamos en la plaza Mayor, que se ubicaba muy cerca de mi casa.

—Puedes dejarme aquí —sugerí.

Alfonso, al escucharme, frenó, orillándose a la acera.

—¿Quieres tomar una cerveza? —indagó, al mismo tiempo que se despojaba del casco.

Esa propuesta inesperada me paralizó inicialmente, demorando mi respuesta.

—¿Una rápida? —insistió.

—Venga, va —accedí.

Entramos en una pequeña bodega, situada en los soportales de la plaza. Era un lugar muy bonito, en el que los asientos habían sido fabricados con toneles de barrica, lo que le confería un ambiente acogedor.

—Dos cervezas —pidió Alfonso, levantando su mano derecha para reclamar al camarero.

—La mía sin alcohol —especifiqué, preservando el entrenamiento de mi voluntad.

El local estaba bastante concurrido y nos colocamos al fondo, en el último rincón de la barra, justo al lado de la máquina tragaperras, sufriendo su peculiar soniquete.

—¿Qué tal, Alicia? —tanteó Alfonso, abriendo el diálogo.

—Bien.

Me sorprendí de mi propia contestación, y recordé las palabras de Samin: «No hace falta que todo sea perfecto para responder que estás bien».

Alfonso congeló su rostro por un instante, quizá esperando que continuara argumentando, o que le correspondiera con un «¿y tú?». No se dieron ninguno de los dos supuestos y reanudó el turno Alfonso.

—¿Y Amparo? —indagó de nuevo.

—Bien —repetí, aparentando que, de repente, solo conociera ese vocablo.

—Hoy os he visto muy cercanas, hablando mucho —expuso—. Parecíais…

—¿Madre e hija? —terminé la frase intuyendo lo que él estaba pensando, a pesar de que, seguramente, no lo fuera a pronunciar.

—No quería decir eso.

—Lo sé, pero es así —aseveré—. En los dos años que lleva mi madre en la residencia, solo me has visto ir de visita, como si se tratara de un familiar lejano.

Alfonso evitó intervenir para negarlo o suavizarlo, dejándome proseguir. Sin embargo, no lo hice, me quedé callada reflexionando sobre ello.

—¿Y qué ha cambiado? —cuestionó Alfonso, ahondando en la causa que me costaba destapar.

—Supongo que yo —musité—. He sido muy injusta con ella —confesé, realizando un encomiable ejercicio de autocrítica.

—No te sientas culpable, lo importante es que te has dado cuenta —objetó.

—Así es, por fin he descansado de un gran peso que arrastraba.

Alfonso esbozó una sonrisa.

—La relación con mis padres fue bastante complicada, así que no voy a marearte con mi vida, mejor háblame de la tuya —dije, apartando el codo que tenía clavado en la barra.

—En mi caso, no puedo hablar de relación con mis padres.

—¿Por qué?

—Porque no los conocí —reveló—. Crecí en una casa tutelada.

—¿En serio? —consulté atónita, como si el conflicto paternofilial estuviera reservado en exclusiva para mí.

—Sí, pero no te preocupes; no soy un marginado social ni peligroso, tu madre está en buenas manos —bromeó.

—¿Y cómo fue? —pregunté con curiosidad.

—Simplemente fue, no sabría decirte si mejor o peor, porque no puedo comparar —indicó, restándole importancia—. Reconozco que, con doce o trece años, alguna vez pensé en matar a los padres de mis compañeros de clase para estar en igualdad, pero al final no lo hice.

Solté una carcajada ante su graciosa confesión. Me resultaba admirable que se lo tomara de una forma tan distendida, contrarrestando con el resquemor que a mí me había arropado asiduamente.

—En la vida no puedes pretender que sean los demás quienes se adapten, eres tú quien se debe adaptar. De lo contrario, vivirás enfadado y maldiciendo todo el rato.

Eso último me sonaba de algo.

—Si no tienes capacidad de adaptación, siempre ambicionarás otra situación diferente a la tuya —resumió—. Sin embargo, para salir adelante hay que adecuarse a la que toca vivir en cada momento.

—¿Aunque no te guste?

—Aunque no te guste —reafirmó—. La situación solo indica el punto de partida, no el de destino. De ti depende transformar las situaciones y extraer lo mejor o lo peor de cada una.

Se detuvo para darle un trago a la cerveza.

—Una vez que descarté mi malévolo plan de asesinato masivo a los padres de mis compañeros —prosiguió su relato—, acepté cuál era mi casilla inicial, y en lugar de quedarme atrapado en ella, al igual que la mayoría de los integrantes de la casa, decidí lanzar el dado y avanzar. No soy un alto ejecutivo ni he creado una empresa que factura millones, pero terminé mis estudios, conseguí el trabajo que me propuse y, lo más importante, salí de esa casilla para transformar mi situación.

Lo escuchaba con fascinación, porque me estaba dando una lección de lo que yo no había sabido lograr.

—Pero no es sencillo. —Recurrí a uno de mis argumentos más empleados.

—Tampoco lo es permanecer toda la vida detenido en el tiempo, resentido con el injusto mundo y rendido ante un contexto que, por sí solo, no va a cambiar.

—Tengo que cambiarlo yo —murmuré, pareciendo que me había definido a mí.

—¡Eso es! —avaló Alfonso, ejecutando al mismo tiempo un chasquido con los dedos.

Ese chasquido estableció una conexión en mi cerebro. Me confirmó quién tenía la llave de mi situación y también hizo que evocara una cita que había olvidado.

Miré rápidamente mi reloj, comprobando que era muy tarde. Acabé la bebida de un trago.

—Me vas a disculpar; tengo que irme —le dije, levantándome del taburete con premura.

—¿Sucede algo?

—No, solo que acabo de recordar que había quedado.

—¿Quieres que te lleve a algún sitio?

—No, tranquilo, voy cerca —contesté al mismo tiempo que sacaba mi monedero para pagar la cuenta.

—Déjalo, te invito yo.

—Acepto, porque tengo prisa, pero te debo una —dije, mirándolo de reojo.

—Te la apunto —añadió sonriendo—. Me encantará repetir.

Y ese «me encantará», a mí también me encantó.

Estaba a gusto, disfrutando de la conversación y, sin duda, me había quedado con ganas de más. Tal vez mi fobia social estuviera remitiendo, al menos era un indicio de apertura al contacto real, sin la mediación de una pantalla.

Abandoné el local dándole vueltas a la charla. En medio del ascenso a la nueva colina, justo después de que Samin me hablara del mismo imperativo, había emergido la historia de Alfonso, como una reveladora casualidad de esas que parecen orquestadas inteligentemente por el universo, surgiendo cuando más la necesitas, dando la impresión de que la historia, en realidad, me estuviera buscando a mí para mostrarme que debía ser yo quien se adaptara a la situación y no a la inversa; para hacerme ver que tener un pasado hostil no es territorio exclusivo de mi propiedad, la mayoría lo tiene o lo tendrá, y la mejor forma de superarlo es dejarlo en su lugar: el pasado.

Caminé velozmente y crucé la puerta del parque confiando en que Samin todavía me estuviera esperando. Tenía muchas ganas de encontrarme con él, escuchar sus indicaciones y ahondar en ese poderoso concepto que suponía la clave para poder prosperar en el valle de la redención. Hasta ahora mi facultad adaptativa había sido nula. Quizá era el momento de variar el esquema y prepararme para ser más fuerte que mis circunstancias.

Con la obcecación de atravesar el sendero con rapidez, su cercana presencia pasó inadvertida.

—¡Alicia! —exclamó Samin, frenando mi expeditiva marcha.

Había pasado a solo unos metros de distancia y no me había enterado. No esperaba verlo en esa zona, y menos con tan singular acompañante.

—¿Y este quién es? —pregunté.

—Todavía no tiene nombre. ¿Alguna sugerencia?

—Me recuerda a una ficha de dominó. —Era un perro lanudo, de enormes orejas, con el lomo de color negro y el pecho de color blanco.

—Es verdad —dijo Samin, otorgándome la razón—. Le pondremos Dominó.

—Me gusta —reconocí, al mismo tiempo que extendí mi mano derecha para acariciar su cabeza.

Como si en lugar de la mano hubiera sido un palo el que se aproximaba, el perro se apartó bruscamente, resguardándose tras las piernas de Samin.

—¿Qué le pasa? ¿Por qué se ha asustado? —inquirí.

—Lo encontré abandonado en la carretera —informó—. Parece evidente que le han pegado, y por eso reacciona así cada vez que ve una mano levantada, ya que la considera una amenaza.

—Pobrecillo —expresé, retrocediendo unos pasos para que se sintiera más seguro—. ¿Y ahora cree que cualquiera le va a pegar?

—Así es, aunque el dolor físico desapareció, el dolor emocional tarda mucho más en curar, al igual que sucede con las personas —detalló—. Cuando nos enfrentamos a experiencias traumáticas o desagradables, podemos desarrollar una respuesta de evitación, que perpetuamos como un mecanismo de defensa.

Samin tiró de la correa de Dominó para que se levantara del suelo, recuperando la movilidad.

—Si concurren circunstancias adversas en nuestra vida, es lógico sentirse mal y que nos afecten —expuso mientras caminaba—. El problema aparece cuando estas terminan y seguimos sufriendo por ellas, convirtiéndonos en el hombre que no paraba de quejarse porque le dolía mucho una muela, y cuando fue al dentista, se la extrajo y dejó de dolerle, pero no de quejarse: «¡Cuánto me dolía!, ¡qué dolor tenía!, ¡hay que ver lo que me dolía!».

No lo pude rebatir, porque ese ejemplo me delataba. Me sentí identificada.

—Si ya acabó, deja de sufrir de una vez —dictaminó—. Dime, Alicia, ¿qué es eso que sigue doliendo?

Me negaba a responder.

—Has sido capaz de perdonar, ¿no crees que es momento de perdonarte?

De la misma manera que Dominó, yo también mantenía activo un comportamiento de evitación.

—¿Cuándo comenzó la ansiedad? —indagó, sabiendo que coincidiría con el origen de ese dolor que no había cesado.

Me estaba poniendo muy nerviosa, debatiéndome entre guardar silencio o gritar.

—¡Hace doce años! —escogí la segunda opción.

Samin se acercó y rodeó mi espalda con su brazo, tratando de serenarme.

—Suéltalo, Alicia, dime qué sucedió —demandó con delicadeza.

Aunque nunca lo había contado, lo recordaba como si hubiera pasado ayer, porque jamás se había alejado de mi mente.

—No quiero revivirlo —dije asustada.

Ante mi fuerte oposición, Samin desistió y me cedió la pelota para que yo decidiera.

—Estás a punto de conseguirlo —avisó—. Es decisión tuya continuar o abandonar a falta de unos metros para pisar la cima.

Si había llegado tan lejos, no podía rendirme y hacer inútil el esfuerzo.

—¡Está bien! Te lo contaré —emití finalmente, pateando esa pelota para mandarla doce años atrás.

Capítulo XVII

Doce años antes…

Durante toda la noche estuve cabeceando de un lado al otro de la almohada. Resultaba complicado aplacar la excitación, solo faltaban horas para que llegara un momento que llevaba meses aguardando…, quizá años.

«No te pongas nerviosa y hazlo como sabes», se coló en mi cabeza la áspera voz de mi madre. «No puedes fallar».

Esto último es lo que más me preocupaba: fallarle a ella o a mi profesor de violín. Horas y horas de ensayo ininterrumpido para una actuación de apenas veinte minutos, repitiendo constantemente los mismos fragmentos, persiguiendo una perfección que nunca era perfecta.

«Así no», «te equivocas», «mal, mal, mal»… También se infiltraba en mi mente la voz de mi profesor, que me agitaba hasta descontrolar mi respiración, provocándome una inquietud desmesurada que todavía desconocía que se llamaba ansiedad.

Utilicé la técnica que otras veces me había funcionado: tapé con mi mano la nariz y la boca, para disminuir la hiperventilación y apaciguar el ritmo respiratorio. Al principio, la sensación fue de ahogo, aunque sabía que solo tenía que aguantar un poco para apaciguarme.

Una vez restaurado mi cuerpo, me levanté de la cama y me dirigí al lugar donde prácticamente residía. Cerré la puerta del estudio con cuidado, me acerqué hasta el atril y saqué el violín de la funda. Solo eran las seis de la mañana; no obstante, sentía la necesidad de practicar de nuevo esa composición que, verdaderamente, parecía obra del diablo.

Paganini fue apodado el violinista del diablo, porque se extendió el rumor de que su virtuosismo con el violín era debido a un pacto que había realizado con el diablo.

Podía haber escogido melodías más sencillas, pero no lo hice, yo también deseaba demostrar mi virtuosismo, siendo la primera estudiante en atreverse a interpretar uno de los *Caprichos* de Paganini, concretamente el *Número 9, La Caza*.

Un expediente impecable merecía una interpretación afín, una pieza musical que levantara al público de sus asientos y rompiera a aplaudir de júbilo, rindiéndose ante una prodigiosa joven capaz de hacer llorar al violín.

Podía visualizar a mi madre, sonriente, orgullosa de mí; a mi profesor, por fin contento con mi actuación; a mis compañeros, fascinados, envidiando estar en mi lugar; al auditorio puesto en pie.

Coloqué el violín en mi hombro y, con suavidad para no despertar a los vecinos, deslicé el arco sobre las cuerdas, invadiéndome de ilusión, pero también de miedo. Deseaba que todo lo que había imaginado ya hubiera sucedido sin necesidad de tener que enfrentarme a ello.

Supuestamente, debía ser un día especial para disfrutar; había terminado el curso con excelentes calificaciones, obteniendo el ansiado título Superior de Música y, encima, había sido escogida para clausurar el acto de graduación, como violinista solista. Todo parecía ideal, si no fuera porque me esperaba un auditorio acechando, pendiente solo de mí. Lo que más me entusiasmaba, era también lo que más temía.

Después de comer, hablé con mi profesor y, cumpliendo las expectativas, la conversación no fue tranquilizadora:

—¿Has repasado los *pizzicatos*? —preguntó.

—Sí, esta mañana.

—¿Y qué tal?

—Bien.

—No basta solo bien, Alicia, tiene que ser perfecto —replicó.

Me sabía su discurso de memoria, incluso podía anticipar lo que venía después.

—Te juegas mucho, habrá gente importante viéndote y puede surgirte alguna oportunidad —recordó.

Me senté; sabía que iba para largo.

—Es una pieza muy difícil, incluso para violinistas de alto nivel. Si la ejecutas perfectamente, no bien, sino perfectamente —recalcó—, serás muy reconocida. ¿Me estás escuchando?

—Sí —confirmé.

—Es que parece que no vaya contigo la cosa.

En ese momento, como solía ser frecuente, comenzó un anodino ataque infundado, donde él mismo preguntaba y se contestaba.

—¿Acaso no te ves preparada? Si es así no vayas, porque para hacer el ridículo… O limítate a tocar solo la de Mozart y no te complicas.

—No he dicho que no esté…

—Bueno, no quiero repetirte lo mismo —interrumpió, sin importarle mis argumentos—. Ya sabes que tiene que ser perfecto.

Y, sin despedirse, también habitual en él, colgó el teléfono.

En todos los años que había sido alumna suya, podía contar con una mano las veces que lo había visto satisfecho, daba igual que me esforzara, que estuviera ensayando el día entero, siempre era insuficiente, siempre faltaba algo que seguía sin saber qué era y, realmente, dudo que ni siquiera él supiera.

Cuando apareció por primera vez, yo tenía once años, solo era una niña que quería hacer lo mismo que el resto de las niñas de mi edad. Tocar el violín, aunque me apasionaba, era una parte de mi vida, pero desde que él entró por la puerta, pasó a ser la única parte de mi vida.

No fue fácil, nada fácil. Aun así, con el tiempo me fui acostumbrando a vivir encerrada en una habitación, contemplando la libertad desde la ventana, bajo la promesa de que algún día valdría la pena. Me habitué a decir «no» a los planes de mis amigas o a chicos que me gustaban, a saltarme la adolescencia, a renunciar a la diversión, a ser esclava de un instrumento y presa de una exigencia ilimitada.

Demasiado sacrificio para llegar a ese recinto, que tantas veces había frecuentado para ver tocar a artistas. En cambio, en esta ocasión mi papel se invertía y el sueño afloraba: la artista sería yo.

A las seis de la tarde crucé las puertas del Palacio de la Ópera de A Coruña ataviada con un precioso vestido.

—Es muy escotado; no lo considero adecuado para hoy.

—Fue lo único que comentó mi madre al verme.

Podría haberme dicho que estaba guapísima, como me dijeron otras madres de compañeras, pero habría sido demasiado pedir; que me dejara escogerlo fue suficiente logro.

La ceremonia dio comienzo con el discurso inaugural, seguido de actuaciones colectivas instrumentales, con espacio también para la danza, avanzando el acto hasta llegar al punto álgido, con la entrega de diplomas.

Mi turno se acercaba y, extrañamente, estaba más relajada que al inicio. Había estado tan concentrada en los acontecimientos que no había prestado atención a pensamientos distractores.

El director del conservatorio se encargó de pronunciar las últimas palabras para finalizar la graduación y, antes de que pudiera asimilarlo, mi presencia fue reclamada.

—Por último, quiero pedir un fuerte aplauso para una alumna extraordinaria, que ha sido número uno de su promoción y posee un talento admirable —señaló.

Arropada por una cálida ovación, ascendí hasta el escenario, donde esperaba mi violín. Aguardé a que el silencio imperara, inspiré hondo y, atisbando solo las cuerdas del instrumento, comencé la interpretación del *Concierto número 5 en la mayor* de Mozart, una obra que dominaba notablemente, ya que la había tocado numerosas veces acompañada por mi madre al piano. Me centré en la ejecución de la primera parte, *Allegro aperto*, y me sentí muy cómoda, fundiéndome con las notas que brotaban, dejando que mis dedos se deslizaran con libertad de un modo prácticamente automático.

Nada más efectuar la fricción final con el arco, me envolvió un estruendo de aplausos resonando en el auditorio. Balanceé mi mirada y noté a mi derecha las sonrisas de mis compañeros; después cambié el ángulo, buscándola a ella. La localicé rápidamente, sentada en la parte central, con el mismo rostro adusto de siempre, incapaz de conceder una simple palmada a su hija.

—Pues si os ha gustado, ahora, por favor, prestad mucha atención —advirtió el director, ejerciendo de presentador—. La pieza musical que viene a continuación requiere una maestría al alcance de pocos violinistas, y es un honor que nuestra alumna, Alicia Blanco, la pueda interpretar.

Regresó el mutismo al auditorio, con la diferencia de que se tornó autoritario y consiguió amedrentarme. Comencé a percibir el temido acelero de la respiración y, lo que era aún peor, el temblor en mis manos.

Vamos, toca, me ordené. Pero mis músculos no obedecían.

Alcé la vista, divisando no solo a mi madre, sino también a mi profesor junto a ella, con los brazos cruzados... y ese repulsivo rostro.

Él volvió a adueñarse de mi mente y ya no era yo quien tenía el control, su soniquete penetró de nuevo para reiterar frases que, de tanto escucharlas, se habían grabado a modo de mantras: «está fatal», «así no», «no eres tan buena como crees»..., «eres una inútil».

La pausa se alargó en exceso, naciendo murmullos entre un público que no entendía el motivo de mi parálisis.

—¿Estás bien? —Se acercó el director, susurrándome al oído.

Asentí con la cabeza, ocultando que la visión había empezado a nublárseme y el incipiente mareo sobrevenido amenazaba con hacerme desfallecer.

Cerré los ojos, tratando de evadirme, pero lo único que conseguí fue que el vértigo se incrementara.

Toca de una vez, me repetí.

Al fin las manos cumplieron el mandato y nuevamente comenzaron a moverse, aunque no de la manera deseada. Mis trémulos dedos eran incapaces de acertar la cuerda correcta, ni siquiera podía mantener el tempo adecuado, como si una torpeza extrema se hubiera apoderado de mí.

El murmullo en el auditorio retornó más sonoro y me hizo consciente de que todas esas personas estaban presenciando mi dantesco espectáculo mientras yo lidiaba con mi agitada respiración, con el temblor que se había extendido por todo mi cuerpo y con unas manos, desatinadas, que parecían tener vida propia. En medio de esa batalla escuché una ligera risa que, como un dardo, pareció volar hasta mi pecho, causando un agudo dolor.

Súbitamente, cesé la ejecución. Bajé el violín y abrí los ojos.

Me quedé petrificada, soportando la asfixia que me provocaba la escasez de aire. Con dificultad para enfocar, conduje mi mirada al punto que más me lastimaba. Mi profesor ya había abandonado su butaca y, en el adyacente sitio, pude discernir en los ojos de ella el reflejo de la decepción.

Las lágrimas germinaron, descendiendo con violencia. Al contrario de lo previsto, no fue el violín quien lloró. Solo ansiaba salir de allí, escapar de aquel lugar. Cabizbaja, di media vuelta y avancé presta, hasta cruzar el telón trasero, abandonando el Palacio de la Ópera con el público inmóvil en sus asientos y el silencio aplaudiendo a mi espalda. La función había terminado.

Esa fue la última vez que pisé un escenario, ese fue el día que apagué mi música.

COLINA
DE LA
LIBERTAD

Capítulo XVIII

Recuperar ese fragmento de mi vida me destrozó por dentro, aunque sentí alivio al expulsarlo. Llevaba demasiado tiempo guardado y el sufrimiento se había enquistado, haciéndose crónico.

Movida por un súbito arrebato, me incliné hacia Samin y lo abracé. No recordaba el último abrazo, había vivido tanto tiempo sin ellos, tanto tiempo al margen del contacto humano que, con ese acto espontáneo, recuperé su sabor, encontrando en el cobijo de su hombro un refugio seguro.

Acompasadamente, separamos nuestros cuerpos y regresamos al presente.

—Eso ya pasó, Alicia —pronunció Samin con tranquilidad—. La salida la tienes frente a ti.

Si existía una salida, desde luego yo no la había visto.

—En 1967, los psicólogos Seligman y Overmier hicieron un experimento, precisamente con perros —enunció Samin, señalando a Dominó—. En una especie de caja fueron metiendo por separado al primer grupo de perros, que recibían descargas eléctricas leves de las que podían escapar accionando una palanca que los ponía a salvo de ese castigo. La mayoría lo logró sin problema tras unos cuantos intentos.

»Después repitieron la operación con otro grupo distinto, pero incorporaron como diferencia el hecho de que los perros no tenían posibilidad de librarse de las descargas y las padecían, irremediablemente, sin opción de evitarlas.

Sentí curiosidad por saber el desenlace.

—En una segunda parte del experimento, todos los perros, los de ambos grupos, fueron introducidos en la caja, esta vez dividida por una pequeña barrera que la separaba en dos zonas. Ingresaban por el lado donde recibían las descargas y, si saltaban la barrera, pasaban a un área segura, libre de descargas —continuó relatando—. ¿Sabes qué sucedió?

Hice un gesto que exhibía mi ignorancia, esperando a que lo desvelara.

—Los perros que en la primera fase tuvieron posibilidad de escapar se movilizaron rápido y pronto pasaron al otro lado de la caja para alejarse de las descargas —informó—. En cambio, aquellos que en esa primera fase no habían podido eludir las descargas permanecieron arrinconados pasivamente, soportándolas con resignación sin moverse, pese a que solo tenían que saltar una pequeña valla para apartarse del dolor.

Empecé a dilucidar en qué grupo me encontraba yo.

—A este fenómeno se le llamó «indefensión aprendida», porque aprendieron a no defenderse, manteniéndose estáticos, y asumieron que no podían hacer nada para variar su destino a pesar de que la situación había cambiado y, ahora, sí existía una salida. Prefirieron aguantar de forma sumisa suponiendo que era inevitable, al igual que lo había sido antes, sin atisbar la posibilidad de levantarse y enfrentarlo.

Aparté la mirada, como tantas veces había hecho, para sortear lo que no podía o no quería ver.

—El dolor no se encuentra en la mano, sino en la creencia de que todas las manos son iguales —dijo Samin, haciendo referencia al miedo que le provocaba al perro su mera presencia—. Dominó evitará las manos hasta que vuelva a confiar en ellas; tú evitarás tu música hasta que vuelvas a escucharla.

—¿Qué música? —pregunté, convencida de que no quedaba ni una nota en mi interior.

—Aquella que silenciaste —respondió—. Pero sigue dentro, deseando ser liberada, golpeando tu pecho con fuerza, provocando esa presión que te deja sin aliento, como un gemido ahogado que persigue la oportunidad que le negaste, tratando de captar tu atención desesperadamente.

Aunque mi ansiedad se había reducido, la desazón en el pecho continuaba implacable pareciendo que, en efecto, estuviera solicitando audiencia.

—Te has convencido de que no hay más opción que resistir, considerando que estás atrapada para siempre. Pero no es así, ahora hay escapatoria, no tienes que seguir agazapada en ese rincón —anunció—. Es momento de saltar también la valla y abandonar el lado del sufrimiento.

—Quizá sea mejor lo malo conocido —apunté, rescatando el refrán.

—Si es malo, nunca será mejor —rechistó Samin—. Crees que lo conocido es más seguro, porque nunca has salido de ahí y, a pesar de que no te guste, sigues en el mismo lugar bajo una falsa sensación de protección, paralizada como arma para resguardarte.

Conforme desmantelaba mi «guarida» con sus argumentos, me resultaba más arduo rebatirle, así que opté por dejarle proseguir.

—Se estima que aproximadamente el setenta por ciento de los presos con condenas de larga duración tienen miedo a salir de la cárcel y desarrollan una especie de fobia a la libertad —comunicó Samin—. Después de tanto tiempo en el mismo entorno, no saben lo que se van a encontrar fuera, cómo se van a adaptar, cómo los van a recibir. Experimentan una intensa incertidumbre porque, aunque no les agrade su realidad, es la que conocen.

Exactamente igual que me sucedía mí: me había acostumbrado a residir encerrada.

—La libertad asusta, Alicia, pero solo siendo libre se puede vivir de verdad.

Vivir de verdad, repetí en mi cabeza, intuyendo que había estado viviendo de mentira.

—Puede que tengas razón. Aun así, no sé cómo hacerlo, no sé cómo vencer este miedo que me mantiene inmóvil —dije, admitiendo mi fragilidad.

—El miedo nunca desaparece, solo aprendes a vivir con él —expresó—. El cobarde y el valiente sienten idéntico miedo, la diferencia está en que este último no se bloquea ante él y sigue adelante.

Si era así, puede que tuviera que dejar de ver al miedo como un enemigo y, al igual que las circunstancias, adaptarme a su existencia, sin luchar por suprimirlo, entendiendo que es un rival invencible, aunque dominable.

—Necesitas concederte otra oportunidad y asumir el riesgo de avanzar de manera incierta, sin saber lo que te deparará el lado desconocido, confiando en que estás haciendo lo correcto, porque, cuando por fin seas libre, te aseguro que no querrás regresar.

—¿Y cómo avanzo si estoy sola, no tengo trabajo y siento que no sirvo para nada?

Samin frenó la marcha al escuchar mi pregunta.

—Mira un momento hacia atrás —dijo girando la cabeza—. Recuerda el instante en que cruzaste por primera vez esa puerta, el día que nos conocimos en este parque. Solo hace unas semanas; sin embargo, ya eres otra.

Tenía la sensación de que habían pasado meses en lugar de semanas.

—Lograste subir la primera colina sin detenerte, dominando tu voluntad, adquiriendo hábitos y controlando la mente. Después emprendiste el ascenso de la segunda colina, enfrentándote al pasado y expulsando el rencor que te reconcomía —resumió—. Has conseguido más de lo que habías logrado en años, más que muchas personas en toda su vida. Antes de contarme lo mal que estás ahora, piensa primero en cómo estabas aquel día.

Rápidamente visualicé ese momento, saludando a Samin con un cigarro entre los dedos, justo después de haber superado un ictus. Además de sola, sin trabajo e inservible, no tenía ni una pizca de esperanza, estaba hundida.

—Tu pasado ha sido una dura losa, pero no es el responsable de lo que te sucede hoy, muchos años después… La responsable eres tú —explicó—. Que antes no hubiera salida no significa que nunca la haya; que bajaras los brazos no implica que no puedas volver a levantarlos; que te sintieras basura, no quiere decir que lo seas. Deja de compadecerte de ti misma y de seguir arrinconada, pensando que tu situación es invariable o que nada puede cambiar, porque no es cierto.

Sus palabras me proporcionaban fuerza, aunque seguía faltándome arresto para traspasar esa barrera que me conduciría a la libertad.

—Al igual que los perros del experimento, aprendiste a permanecer indefensa, permitiendo que todo y todos te controlaran: tu madre, tu profesor, tu pasado, tus circunstancias, tu mente… Ya está bien de que desaprendas lo aprendido —apuntó—. En la primera colina recuperaste el control de una parte de tu vida, es momento de tomar el control completo y ser, por fin, libre.

—¿Cómo? —tanteé, atisbando al fin la determinación de actuar.

—Deja de culpar y de culparte —detalló—. Aprieta fuerte las riendas, porque tu vida pasa a estar en tus manos. Se acabó ser una víctima pusilánime que no puede hacer nada para modificar el rumbo. Llega el turno de demostrar quién eres en verdad, no la que te dijeron que eras. No necesitas la aprobación de nadie para continuar; tienes voz propia.

Ciertamente, ya no tenía que obedecer a mi madre o a mi profesor, ni seguir cumpliendo expectativas ajenas.

—Basta de justificarte y creer que tu vida es resultado del azar, como si fuera un barco a la deriva —declaró Samin—. Puedes influir en ella y depende de tus decisiones, de tus acciones y de tu esfuerzo. Por tanto, deja de confiar en el destino y empieza a confiar en ti.

Una confianza ignota que, tímidamente, empezaba a asomar.

—Solo necesitas aceptar para que las heridas dejen de sangrar —argumentó—. El pasado no te puede dañar y el presente es tuyo, así que toma impulso. ¿Estás dispuesta a ser libre?

Me asustaba responder afirmativamente; no obstante, era hora de reaccionar y dar ese salto liberador, sin importar que lo hiciera con el cortejo del miedo.

—Estoy dispuesta —corroboré.

—Pues ya no hay heridas y, aunque queden cicatrices, estas no duelen; al contrario, proporcionan fortaleza y motivación para avanzar, porque su rastro ensalza las batallas que has vencido.

Acepté mis cicatrices, mis circunstancias, mis errores, mi pasado y mi presente; me acepté a mí misma. Y salté para pisar la cima.

—Enhorabuena, Alicia, has llegado —pronunció Samin sonriente—. Esta colina se encuentra a una gran altura y suele dar vértigo al principio, pero cuando te habitúes a la libertad, no querrás dejar de respirarla.

Eso hice, respirar un aire fresco que se infiltraba con desconcierto, porque nunca había inhalado su aroma. A medida que se asentara en mis pulmones y me adaptara al inmenso espacio que tenía frente a mí, seguro que no volvería a la reducida esfera en la que me había refugiado.

—¿Y ahora qué? —tanteé animada, como si rescatar mi autonomía me hubiera aportado un excepcional atrevimiento para ampliar los límites.

—Ahora solo disfruta —indicó Samin—. Hay que prepararse para una larga travesía.

—¿Hacia dónde?

—Hacia tu música.

Esa palabra conservaba un poder intimidatorio que conseguía estremecerme cada vez que la oía.

—Pero antes hay que pasar por la colina del contenido —matizó.

—¿Qué contenido?

—El que le falta a tu vida.

Capítulo XIX

Comenzó a anochecer, adquiriendo protagonismo la luz artificial de las farolas. Conducidos por Dominó, que encabezaba el avance tirando con fuerza de la correa, extendimos el paseo por la misma ruta circular que utilizaba yo cuando salía a correr.

—Lo que aniquila a las personas es el vacío —aseguró Samin, anticipando el trayecto de la siguiente colina—. A cualquier edad y en cualquier circunstancia tiene que existir contenido. Se estudia mucho la longevidad, buscando la fórmula idónea para superar la barrera de los cien años; sin embargo, la preocupación no debería centrarse en vivir muchos años, sino en dotarlos de contenido. Si tu vida está vacía, ten la seguridad de que te sobrarán años.

La verdad es que treinta y cuatro años se me habían hecho largos. Si continuaba por el mismo vacuo derrotero, no me quería imaginar cómo estaría con ochenta, contando con más dolores, más disputas y menos fuerzas.

—Llevamos tan al extremo la expectativa de que el futuro sea el «jardín de la esperanza», que hasta nos dedicamos a especular sobre la posibilidad de que exista vida en el más allá, olvidándonos de la que existe en el más acá. De esa forma, si malogramos la oportunidad que tenemos delante, no pasa nada, porque todavía nos queda una vida extra, como en los videojuegos —comentó con ironía.

En realidad era así, parecía que necesitáramos un pretexto para posponer y desechar el presente.

—Ya no hace falta esperar a la jubilación para cumplir los planes postergados, también podemos aguardar a tener ciento diez años, o incluso a morir —añadió—. Hazme caso, Alicia, no esperes a otra vida ni pienses que más adelante será mejor, o que siempre habrá tiempo. La única certeza que hallarás en el futuro es la de arrepentirte por no haberlo hecho en su momento.

—¿Qué ingredientes necesito para llenarme de contenido? —cuestioné, sabiendo que tenía que aderezar mi existencia.

—Solo uno.

—¿Cuál?

—El ingrediente de la ilusión —afirmó—. Esta es la que te dará un motivo para levantarte por las mañanas, la que hará que prefieras estar despierta a dormida, la que te enseñará que cada día es distinto.

—¿Eso es posible? —vacilé.

—Una vez lo fue —anotó—. Quizá hace tanto tiempo que no lo recuerdas, pero todas las personas nacen con ilusión.

Me acordé de mis primeros años de la infancia, siempre jugando, riendo y con ganas de hacer mil cosas, hasta el punto de que me enfadaba cuando me llevaban a la cama, porque se me había hecho corto el día. Todo terminó con apenas once años, en el instante en que decidieron que estaba lista para convertirme en adulta.

—El problema es que esa ilusión la perdí muy pronto —dije, resignada.

—No importa, conoces su sabor, solo tienes que recuperarla.

—¿Y qué quieres? ¿Que vuelva a creer en la magia de la Navidad? ¿En los príncipes azules?

—Me conformo con que regrese esa mentalidad pueril que ansiaba saber, descubrir y experimentar; que no temía intentarlo, que tenía la capacidad de asombrarse, que carecía de prejuicios, que confiaba en sus posibilidades y convertía los obstáculos en desafíos.

—Cuando eres niño es sencillo, porque no tienes de qué preocuparte y apenas hay obligaciones —le expuse la clara diferencia—. Al crecer ya no es todo tan bonito. ¿Cómo encuentras ilusión cuando te sientes desanimada, frustrada y apática?

—Dejando de sentirte desanimada, frustrada y apática.

Samin era especialista en aportar soluciones basadas en que, simplemente, renunciara a hacer lo que estaba haciendo, dando por sentado que la responsable siempre era yo.

—Cuando introduzcas contenido en tu vida, la forma de sentirte también cambiará —anunció.

—¿Y de dónde saco ese contenido?

—De las metas —afirmó con rotundidad.

Me quedé expectante, esperando a que lo aclarara.

—Una vida sin metas es tan insustancial como un libro con las páginas en blanco —apuntó—. Las metas son las que cubren el vacío y aportan sentido.

—¿Cuál es la meta si no tienes ilusión? —pregunté, insistiendo en la negación de este componente.

—Esa es la meta más complicada: «reilusionarte» —respondió—. Cuando existen baches, problemas o dramas en tu vida, es normal que pierdas temporalmente la ilusión, aunque, por increíble que parezca, también se puede perder teniéndolo, en apariencia, todo a favor. Muchas veces, en los periodos en los que más felices podríamos ser es cuando más infelices nos sentimos.

»Hay personas que nada más iniciar su andadura profesional, ya están pensando en la jubilación, mientras otras desempeñan su tarea con entusiasmo hasta el último día; personas en silla de ruedas que practican deportes y otras con plena movilidad que pasan el día sentadas; personas que están enfermas y luchan por recuperarse y otras que, estando sanas, se empeñan en enfermar; personas que, ante la misma situación, sonríen o se quejan; personas que agradecen lo poco que poseen y otras que infravaloran lo mucho que poseen; personas ancianas que se sienten jóvenes y personas jóvenes que se sienten ancianas… La ilusión no viene del exterior; eres tú quien crea el contenido que la alimenta, y este contenido debe mantenerse, de forma ininterrumpida, durante toda la vida.

—¿Para qué? —interrogué precipitadamente, sin apreciar todavía esa premisa.

—Ahí surge el problema, cuando te haces esa pregunta: ¿para qué seguir formándome?, ¿para qué ayudar a otros?, ¿para qué desarrollar mis habilidades?, ¿para qué aprender más?, ¿para qué superarme?

Samin inspiró profundamente, preparándose para proseguir con la retahíla.

—¿Para qué realizar nuevas actividades?, ¿para qué ponerme retos?, ¿para qué esmerarme en el trabajo?, ¿para qué viajar, pintar, leer, cantar o bailar?… Si no son necesarios, entonces ¿para qué?

Arqueé las cejas, aguardando el dictamen.

—¡Para vivir! —articuló Samin con énfasis.

No cabía duda de que era un motivo de peso; una vida con los brazos cruzados carecía de sustancia.

—¿Para qué sigue Clint Eastwood filmando películas con más de noventa años?

—Para vivir —afirmé, adelantándome, de forma intuitiva.

—Exacto —confirmó—. En una ocasión, el cantante de country Toby Keith le preguntó cómo lo hacía para mantenerse activo a su edad. Clint Eastwood le contestó que nunca dejaba que el «viejo» entrara en casa para desanimarlo. Ese es el secreto de Clint Eastwood y de cualquiera que desee aspirar a ser feliz: preservar la ilusión.

»Si nos ceñimos a subsistir, en realidad necesitamos muy

poquito, pero si lo que queremos es vivir, en mayúsculas, precisamos disfrutar, aprender, superarnos y ser útiles, debiendo construir las metas en torno a esos cuatro ejes.

Estimé que estaba haciendo pleno para vivir en minúsculas. No cumplía ninguno de esos requisitos.

—¿Cuánto tiempo hace que no disfrutas de aquello que te gustaba hace años? —indagó Samin.

—Dejó de gustarme —respondí, dirigiendo mi recuerdo a «aquello» que prefería no nombrar.

—¿Y de algo nuevo?

Desde que apareció Samin, había conseguido sentir cierta motivación, incluso encontrarme satisfecha desarrollando hábitos. Aun así no era suficiente.

—El primer eje son las metas para disfrutar y para ello tienes dos opciones: hacer lo que te gusta o que te guste lo que haces —continuó con la explicación, en vistas de que yo no aportaba una respuesta.

Tardé unos segundos en analizar la frase, que parecía un trabalenguas.

—Tienes que añadir a tu vida cosas nuevas, pero también debes transformar las que ya existen, para complacerte con ellas igualmente. Busca motivación en el trabajo, establece sencillos retos, encuentra satisfacción en las tareas diarias… Igual que hay gente a quien nada le hace disfrutar, si te lo propones, puedes lograr lo contrario: que hasta las cosas más triviales parezcan emocionantes. Simplemente es cuestión de entender que, si hay que hacerlo, mejor disfrutando que sufriendo.

Me acordé de Sonia, la enfermera que conocí en el hospital, que había conseguido que hasta el mínimo detalle fuera especial.

—Una vez que te guste lo que haces, solo faltaría recuperar aquello que te gustaba y dejaste de hacer, o cosas nuevas que aporten chispa a tu ilusión —agregó Samin—. Luego estaría el segundo eje de metas: las de superación.

—¿A quién hay que superar? —pregunté.

—A ti misma —contestó—. El objetivo no es ser la mejor, sino la mejor que puedas llegar a ser. Como dijo Martin Luther King: «Si no puedes volar, entonces corre; si no puedes correr, entonces camina; si no puedes caminar, entonces arrástrate, pero sea lo que hagas, sigue moviéndote hacia adelante». Eso es lo fundamental: avanzar. Por eso da igual la edad, el nivel inicial o las circunstancias que te envuelvan, siempre podrás superarte.

Superarme a mí misma podía parecer fácil, aunque también suponía un auténtico reto para alguien que llevaba años estancada.

—¿Cómo fue el primer día que corriste? —consultó Samin.

—No conseguí dar una vuelta al parque.

—¿Y ahora?

—Ahora sí.

—Podías haber desistido, pero regresaste. No importa la distancia, si hiciste un metro más que ayer, te habrás superado. El éxito se halla en tu propio progreso, en tu crecimiento. Con independencia del punto del que partas, si te atreves a mirar hacia el horizonte, siempre divisarás un lugar más lejano al que llegar.

Su motivador discurso parecía remover un candente deseo de acción. ¿Me estaría reilusionando?

—El tercer eje son las metas que marcan la fecha de defunción.

—¡¿Cómo?! —pregunté sorprendida.

—Una persona fallece cuando deja de aprender —reveló—. Es indiferente lo que aprendas, aunque no puedes dejar de hacerlo. En el momento que te resistes a seguir descubriendo, pierdes la curiosidad, careces de inquietudes, dejas de hacerte preguntas, apartas el interés por lo que te rodea, rechazas cualquier novedad y decides que ya lo sabes todo, mueres mentalmente —afirmó—. Para aprender no es necesario estudiar, basta con tener una mirada ávida de conocimiento. Puedes aprender de un libro, de una conversación, de un suceso, de una experiencia…, hasta de los errores.

Algo que, personalmente, no había logrado. Tenía una carrera universitaria; en cambio, en la carrera de la vida seguía sin graduarme.

—Estamos en un periodo de la historia en el que la información es más accesible que nunca, solo se trata de filtrar el contenido que deseas incluir —señaló—. No existe una etapa para aprender, el aprendizaje continuo es el remedio para mantener tu mente viva.

Samin miró su reloj, exhibiendo un gesto de estupor al comprobar la hora.

—Es tardísimo —anunció—. Termino con el último grupo y nos vamos.

A pesar de haber permanecido el día entero sin parar, de un lado para otro, lo más curioso es que mantenía intacto mi nivel de energía.

—Faltaría el eje de las metas de utilidad —informó—. Ser útil es demasiado gratificante como para desecharlo.

Mi atención aumentó al oír esa palabra, puesto que siempre me la había aplicado unida al prefijo «in».

—No me veo útil para nadie —declaré.

—Te equivocas —afirmó tajante—. Por muy jodida que estés, podrás ser útil en tu trabajo, en tu familia, en tu entorno… Siempre hay alguna manera de ser relevante para los demás, solo tienes que hallarla. Puedes ayudar desde el éxito o desde el fracaso, desde el bienestar o desde el sufrimiento. Todas las experiencias enseñan y te forman. Pregúntate qué puedes hacer para influir positivamente en tu alrededor, aunque solo consista en regalar una sonrisa o dibujársela al que está enfrente. Te aseguro que ser útil es el mejor modo de sentirte útil.

Quizá pudiera empezar por ahí, por cambiar mi semblante huraño y entregar más veces ese regalo, tan barato, que yo vendía tan caro.

—A ver si me he enterado de todo —expresé, tratando de hacer una síntesis de la información recibida—. La ilusión se consigue añadiendo contenido y, este contenido, lo aportan las metas. ¿Es así?

—Lo has explicado a la perfección —indicó—. ¿Y cuáles son las metas? —Trató de verificar, emulando a un profesor preguntando la lección.

—Hay cuatro tipos y se agrupan en disfrutar, superarte... —Hice una pausa para concentrarme—, aprender y ser útil.

—¡Bravo! —exclamó, otorgándome unas palmadas—. Pues esta vez tu tarea para casa consiste en diseñar una «libreta de metas» y apuntar en ella aquellas que te propongas, teniendo en cuenta tres criterios: plantearlas para llevarlas a cabo en un periodo razonable, como máximo de un año; que sean ambiciosas, pero alcanzables; y no establecer más de tres o cuatro metas simultáneas. El cazador que persigue muchas presas a la vez vuelve con las manos vacías.

—¿Y si no las consigo o me harto de ir tras ellas?

—Pues a por otras; eso es lo bueno de las metas, que son ilimitadas —comunicó—. Lo esencial no es la meta, sino el trayecto que te conduce hasta ella. Unas las alcanzarás y otras no, pero mientras existan objetivos que guíen tu vida, avanzarás con ilusión, que es la finalidad.

Y esa ilusión acababa de avivarse, al igual que antes había sucedido con la voluntad. Todavía no sabía por dónde empezar, y menos aún cómo finalizaría, aunque algo había cambiado. La limitante neblina, que me impedía ver más allá de mis narices, estaba despejándose, cediendo paso a la claridad de un nuevo designio: llenar mi vida de contenido.

Capítulo XX

Esa noche dormí de un tirón, sin desvelarme ni un momento. Un reposo prolongado que se materializó en un profundo descanso, de esos que antes solo obtenía cuando duplicaba el número de horas en la cama.

Otra novedad fue que me levanté animada, movida por una anormal energía. Quizá, la conversación mantenida con Samin sobre la ilusión, había logrado transmitírmela.

Me metí en el baño y, justo cuando estaba a punto de entrar en la ducha, me topé de nuevo con él. Hacía tiempo que no le dedicaba atención, que mi mirada no se quedaba clavada explorando cada imperfección. Me contemplé en el espejo con detenimiento y, en contra de lo previsto, no me entraron ganas de romperlo. Mis ojos se entregaron a esa imagen, aceptándola sin reservas, y puse en práctica la primera meta, regalándole una sonrisa a la persona que tenía delante.

Después del desayuno rebusqué por los cajones del salón hasta hallar una pequeña libreta, de tamaño cuartilla. En la primera página, como si se tratara de un cuaderno escolar, escribí con mayúsculas «LIBRETA DE METAS» ocupando todo el espacio.

Cambié de hoja, anoté la fecha en la parte superior y apoyé el bolígrafo sobre la mesa, esperando inspiración. Teniendo en cuenta que vivía sin metas, debería ser una tarea muy sencilla, pues se encontraban todas disponibles, pero ¿cuáles estaban a mi alcance?, ¿qué contenido deseaba priorizar? Tenía la sensación de estar en un restaurante, con una carta tan extensa que no sabes qué pedir.

Apunté una posibilidad y rápidamente la taché. *No sé si me hará disfrutar*, pensé. Continué dándole vueltas, en busca de opciones. De repente se me ocurrió una meta de superación, que solo un mes atrás habría considerado una auténtica locura. Constituía un desafío para el que no estaba preparada, y tampoco tenía la seguridad de estarlo en el futuro, aunque, al menos, lo veía factible. Era una meta ambiciosa, pero alcanzable, tal y como había dicho Samin, siendo esta la razón que me llevó a plasmarla en el papel.

Levanté la cabeza y observé en el reloj de la pared que eran las once y media. Decidí aparcar la faena para ir a ver a mi madre. La novedad anidaba en que me apetecía, desligándome de la obligación, aunque la hubiera visitado el día anterior.

Me dirigí al armario. En la fila delantera advertí los ajados vaqueros que siempre eran mi primera y casi única opción. Tras ellos asomaba esa falda morada que me encantaba. Sin mucha esperanza volví a probármela… y una sonrisilla iluminó mi rostro. Todavía me quedaba embutida y no podía cerrar la cremallera, pero había subido hasta la cintura. Sin haberlo planeado, tenía delante otra meta de superación.

—Cuando pueda llevarla y respirar al mismo tiempo, la habré cumplido —articulé en voz alta, bromeando conmigo misma.

Llegué a la residencia paseando, algo que empezaba a ser frecuente. Era un día soleado, por lo que imaginé que mi madre estaría en el jardín para aprovechar esos rayos que se vendían tan caros en esa época. Sin embargo, al entrar no la vi allí, y tampoco estaba en el salón. Después de vagar por el edificio, busqué a Alfonso para que me ayudara a localizarla.

—Está en su habitación, acostada —informó.

—¿Pero está bien? —pregunté.

—Sí, le dolía la cabeza y está descansando un poco.

Suspiré aliviada.

No era la primera vez que no la encontraba, aunque sí la primera vez que ese hecho me preocupaba.

—Bueno, pues regresaré después —le comenté.

—Puedes esperar, no creo que tarde más de media hora en despertarse —indicó—. ¿Quieres que te enseñe la residencia mientras tanto?

Su propuesta me sorprendió, pero lo cierto es que, aunque llevaba dos años acudiendo por allí, prácticamente solo conocía las zonas principales, así que acepté la invitación y lo acompañé.

Fue mostrándome las diferentes estancias, que eran muchas más de las que presuponía. Había una biblioteca, que estaba vacía; una sala con juegos de mesa, en la que se encontraban cuatro personas y ni siquiera estaban jugando; un pequeño gimnasio, con cinta para andar y distintos aparatos, que nadie usaba; un taller de pintura y manualidades, que daba la impresión de llevar años cerrado.

Terminamos el recorrido deambulando por el comedor, en el que estaban preparando el almuerzo, y por el inmenso salón central, que parecía ser el espacio donde se concentraban casi todos los residentes.

La mayoría simplemente veía la televisión o, más bien, la televisión estaba encendida delante de ellos. En general, el ambiente estaba cargado de apatía y desidia. Había personas muy mayores; en cambio, otras no lo eran tanto. Sin embargo, la actitud que mostraban era similar.

Me fijé en un grupo de mujeres que estaban sentadas en un sofá, unas al lado de las otras. Cada una miraba para un sitio diferente, sin cruzar una palabra entre ellas. Podrían estar charlando, leyendo o realizando pasatiempos… Pero no, no hacían nada.

—¿Por qué parece que estén solo esperando? —le pregunté a Alfonso.

—Bueno, están esperando la hora del almuerzo.

—¿Y después? ¿Entonces conversan o hacen otra cosa?

—No, se sientan a esperar la hora de la merienda.

—¿Por qué? —traté de averiguar.

—No lo sé, supongo que no tienen otra motivación.

—¿Únicamente esperar a comer, cenar, dormir y que se acabe el día? —indagué, sin caer en la cuenta de que esa había sido también mi agenda durante mucho tiempo.

Alfonso se quedó parado, reflexionando en silencio, al mismo tiempo que efectuaba un leve movimiento confirmatorio.

—¿Ves a ese hombre que está sentado junto a la ventana? —preguntó, señalando hacia un extremo de la sala.

—Sí.

—Se llama Ramón y tiene sesenta y siete años.

Me pareció demasiado joven para estar en este sitio, aunque también mi madre había entrado con setenta años.

—No tiene hijos y, cuando falleció su mujer, decidió ingresarse para evitar vivir solo —explicó—. Cuando entró por la puerta, hace menos de un año, venía animado, sonriente, conversando con los internos y con los cuidadores. Vino acompañado de sus sobrinos y, después de despedirse, se quedó contento. Le gustaban su habitación y las instalaciones de la residencia; parecía que estaba conforme con su nuevo hogar.

Lo observé minuciosamente. Al contrario que mi madre, no miraba a través de la ventana. Su espalda estaba despegada del respaldo, descansando los brazos sobre sus piernas, con la cabeza apuntando al frente y la mirada hacia alguna parte que solo él sabía.

—Al cabo de unos meses comenzó a aislarse, a sentarse solo en las comidas, a relacionarse cada vez menos.

—¿Y ahora?

—No habla —reveló—. Se pasa el día en esa silla.

—¿Por qué?

—Depresión, demencia… —Se encogió de hombros—. Si

no lo saben los médicos, ¿cómo lo voy a saber yo? La única certeza es que llegó perfectamente y, en cuestión de meses, decayó.

—¿Sus sobrinos vienen a verlo?

—Las primeras semanas vinieron, después, esporádicamente, y ya hace mucho tiempo que no los veo.

Seguimos paseando por el vasto espacio, descubriendo a personas en las que nunca antes me había fijado. Entraba y salía de ese sitio sin querer saber más, sin interesarme por gente a la que, seguramente, un saludo, una sonrisa o una breve charla la habrían animado.

—En el punto opuesto tenemos a Tomás, que es un fenómeno —soltó, señalando a un hombre bajito y muy delgado, situado a nuestra derecha—. Tiene noventa y tres años y es la alegría de la residencia.

Al oír su nombre se acercó hacia nosotros.

—Muchas gracias por la presentación —dijo Tomás—. No es para tanto, había otro que era más alegre que yo, pero ya se ha muerto.

Me chocó el comentario.

—No le hagas caso, está siempre bromeando —anotó Alfonso—. ¿Qué haces por aquí? —le preguntó.

—Pues nada, entrenando para la próxima carrera con andador.

Su seriedad contándolo me hizo pensar, por un momento, que era cierto, aunque la carcajada de Alfonso desveló que se trataba de otra broma.

—Muy bien, pues continúa con el entrenamiento, que este año el premio es tuyo —concluyó Alfonso, despidiéndose con una palmada en la espalda.

—Pues sí que tiene buen humor —manifesté, una vez que nos habíamos alejado y Tomás no podía escucharnos.

—Es todo un ejemplo —alegó Alfonso—. Y, ahí donde lo ves, tan sonriente, ha perdido dos hijos.

—¿En serio?

Alfonso confirmó con un pausado movimiento de párpados.

—No siempre está alegre, también lo he visto llorar varias veces —señaló—, aunque no se queda atrapado en la tristeza, sabe reponerse y seguir adelante. Como él dice: «Todavía tengo a mi hija, que es lo más grande que hay…, después de mi cabeza».

Me partí de risa. Realmente el tamaño de su testa era considerable comparada con el menudo cuerpo que la sujetaba.

—Acostumbrarse a vivir en la residencia no es fácil y es normal desanimarse. Porque no es lo mismo que cuando estás ingresado en el hospital. Allí, si bien lo pasas mal, a no ser que estés muy grave, comprendes que es temporal. Cuando entras en este sitio es para siempre, desde aquí ya sabes adónde vas —apuntó Alfonso—. Si decides verlo como una etapa final, probablemente te hundirás; si consigues adaptarte a la situación y encontrarle un significado a tu vida, tal y como comentamos el otro día, puedes salir a flote.

—Introduciendo contenido —masculló, evocando la conversación con Samin.

—¿Qué has dicho?

—Nada, cosas mías —atajé sin darle explicaciones.

¿Y si pudiera contribuir en ese contenido?, me planteé.

—Se me acaba de ocurrir una idea —dije—. Lo mismo es una tontería…

—Cuéntame.

—Tengo que pensarlo mejor. ¿Te parece bien que te llame esta tarde? —pregunté, andando marcha atrás.

—Claro, pero ¿te vas?

—Sí, vendré mañana.

Alfonso se quedó descolocado por mis repentinas prisas.

—Dale un beso a mi madre. Te llamo por la tarde —zanjé.

Avancé, disparada, en dirección a mi casa, empujada por ese motor del que Samin me había hablado llamado ilusión, que no imaginaba que podía ser tan potente. Todavía no había escogido las metas y ya me sentía entusiasmada. Era una inusual sensación, tan bonita, que temía que finalizara antes de llegar. Por eso caminaba con la mayor celeridad posible, deseando coger el bolígrafo.

Entré directa a la cocina, me senté en el taburete y abrí la libreta de metas. Empecé con la que llevaba en la cabeza, escribiendo todo lo que se me ocurría. Aproveché que mis neuronas se habían reactivado y aglutiné un torbellino de ideas, que trataba de plasmar velozmente para que no se me olvidaran, confeccionando el borrador de un proyecto que aún no tenía forma, pero pintaba bien. Solo faltaba su aprobación.

Cuando llamé a Alfonso por teléfono, para explicarle el plan, le pareció fabuloso, me dijo que me ayudaría en todo lo necesario y que hablaría con el gerente de la residencia para que apoyara la iniciativa.

Ya tenía dos metas previstas. Ambas requerían dedicación, por lo que podían ser suficientes, aunque quería incluir también alguna de aprendizaje. Debía ser algo que me apeteciera o que versara sobre un tema que me interesara. Le di varias vueltas y me decanté por realizar un curso que había visto anunciado, que además me podría servir profesionalmente.

Era increíble, con solo apuntarlas, mi ilusión se encontraba en máximos históricos, como si las metas hubieran escuchado el pistoletazo de salida y estuvieran haciendo su efecto. Tal vez Samin tenía razón y la meta no residía en conseguirla, sino en perseguirla.

A las cinco de la tarde volví a abandonar mi domicilio. Le estaba perdiendo el cariño a estar confinada y cogiéndole el gusto a la calle. Más aún desde que había descubierto que el mejor medio de transporte era desplazarse a pie.

Faltaba una hora para la cita con Samin, no obstante, estaba impaciente por verlo y contarle mis metas. Callejeé para hacer tiempo, me entretuve observando escaparates, incluso monumentos o detalles arquitectónicos en los que jamás había reparado. Ya no caminaba con la cabeza apuntando al suelo y eso me hacía distinguir el trazado.

Sin haberlo planeado, acabé llegando al bar donde trabajaba. Me detuve unos metros antes. Dudé entre cruzarme de acera o pasar junto a este, avanzando rápidamente. Al final descarté las dos disyuntivas; la curiosidad hizo que me acercara.

Con discreción, me asomé a través del ventanal y pude divisar a algunos clientes «perennes». Quise comprobar si ya me habían sustituido, pero el reflejo me impedía ver quién se ubicaba al fondo. Me aproximé un poco más, con la frente casi pegada en el cristal. Solo reconocí a Marcelo, que estaba de espaldas. De repente, Matías se cruzó en mi campo de visión y percibí que yo también estaba en el suyo; se había percatado de mi presencia.

Tan pronto como reaccioné, dejé de fisgonear y me puse a caminar con paso ligero para alejarme de allí y que mi estampa se perdiese al volver la esquina.

—¡Espera un momento! —Oí su voz.

Seguí progresando, haciéndome la sorda.

—¡Alicia! —gritó.

El sonido de mi nombre logró frenarme. Me di la vuelta.

—Me gustaría hablar contigo —dijo Matías.

COLINA
DEL
CONTENIDO

Capítulo XXI

Apenas me enteré del trayecto que separaba el bar del parque. Una y otra vez evoqué el diálogo con Matías. Había sido breve, sobre todo por mi pasmo, pero sorprendente; ese eventual episodio era impensable para mí. Por más que repasaba sus palabras, todavía no me las creía.

Cuando divisé a Samin esperando en «nuestro» banco, quise acelerar tanto el paso que parecía que fuera a levitar. Mis piernas bullían, mi corazón redoblaba su ritmo y mi sonrisa resplandecía. No entendía qué estaba ocurriendo en mi interior; en cualquier caso, no quería que acabara.

—¿Y esa cara de emoción a qué se debe? —indagó Samin, reconociendo una expresión tan insólita que no le pasó desapercibida.

—Pues se debe a que estoy emocionada.

—Vaya, creía que eso no iba contigo.

—Yo también lo creía —confesé, sonriendo—. No sé explicarlo, es como si…

—Como si tuvieras ilusión —acabó Samin la frase.

—Sí, eso es —afirmé, experimentando un flechazo con esa sensación que acababa de conocer.

Abrí el bolso y extraje la libreta de metas, mostrándole el título de la primera página. El rostro de Samin exhibió complacencia.

—A partir de hoy, esa libreta nunca puede descansar —manifestó—. Sería ideal que las mismas metas sirvieran para toda la vida; sin embargo, estas precisan ir variando, modificándose o evolucionando para cumplir su función de conservar la ilusión.

»Esto se explica a través de un concepto de economía, que se puede aplicar en cualquier contexto, llamado «ley de la utilidad marginal decreciente» que expresa, en resumen, que cuanto más tenemos de lo mismo, menos satisfacción nos produce. Si te suben el sueldo doscientos euros, te va a proporcionar mayor bienestar si ganas dos mil euros al mes que si ganas veinte mil; no sabe igual el primer beso de tu pareja que cuando has perdido la cuenta; sucede algo similar si comes tu plato favorito esporádicamente o si lo haces a diario; y tampoco valoras de la misma manera la playa si vas de forma puntual, que si vives en una localidad costera.

Me di por aludida con esa última indirecta.

—Lo bueno de la ilusión es que se puede obtener en cualquier situación, y lo malo es que, a veces, se acostumbra al trayecto y es necesario cambiar la dirección —señaló—. Si todo el rato cuentas el mismo chiste, deja de tener gracia; hay que buscar chistes nuevos... y metas nuevas, actualizándolas continuamente. Unas las lograrás, otras no; unas las dejarás aparcadas, otras las reemplazarás... Pero siempre tienen que existir metas en ese cuaderno —finalizó su explicación.

—En principio he programado tres metas —expresé, impaciente por soltarlas—. Empiezo por la meta de utilidad, que todavía tengo que perfilar, aunque, en general, consistirá en colaborar los fines de semana como voluntaria en la residencia donde está mi madre, mediante diferentes actividades para transmitirles esa ilusión, que allí también escasea.

Samin escuchaba atento, sin pronunciarse.

—Ya que la residencia dispone de buenas instalaciones, me gustaría aprovecharlas para realizar talleres de manualidades, decorar el edificio, quizá alguna pequeña representación teatral, un torneo de dominó. No sé..., se me ocurren un montón de cosas —dije exultante—. Incluso había pensado en que ellos colaboren con las habilidades que posean, enseñándoselas a los demás para que, igualmente, desarrollen sus propias metas de utilidad.

Conforme iba relatando mis planes, más ocurrencias surgían y más me excitaba desarrollarlas.

—Solo puedo decirte que me parece maravilloso —apuntó Samin—. Adelante con ello, Alicia. Si entregas felicidad, también la recibirás.

—Respecto a la meta de superación, no la tenía clara y me ha costado incluirla, porque es un reto complicado en este instante, pero al final me he animado y voy a ir a por ella —le informé, mostrándole la hoja donde estaba escrita.

Samin leyó el texto anotado: «Correr una media maratón».

—Antes de que pienses que estoy loca, sería a largo plazo, con bastante tiempo para prepararme.

—No pienso que estés loca, me parece estupendo si a ti te lo parece —comentó, dando la impresión de que no estaba muy convencido.

—No confías en que pueda.

—Eres tú quien debe confiar, no yo —subrayó—. Solo quiero destacar que las metas de superación tienen un gran beneficio, aunque también un gran coste. Por tanto, hay que valorarlas bien antes de escogerlas, porque tienes que estar segura de que deseas esa meta y estás dispuesta a dedicarle el esfuerzo y dedicación que requiere, de lo contrario la abandonarás.

—Eso es verdad —reconocí—, pero si me lo tomo como otro hábito más, me planifico y soy constante, de aquí a un año lo podré conseguir y, además de motivarme la meta, también me servirá para ponerme en forma.

—Un buen razonamiento —puntualizó Samin—. Si en tu mente es posible, fuera de ella también lo es.

—Me queda la última —anuncié, con ganas de darle la

noticia—. En relación con las metas de aprendizaje, había pensado realizar un curso, en concreto un curso de cocina que he visto en internet. Sería online, por lo que me puedo organizar a mi ritmo. Uno de los motivos de escoger esta meta es para formarme y que me abra puertas para encontrar trabajo, pero es que no te vas a creer lo que me ha pasado.

Samin conservaba una expresión expectante, aguardando a que continuara.

—Es como si una vez que he decidido apostar por la ilusión, mi entorno se pusiera de acuerdo para empujarme hacia ella.

—Suele ocurrir, el universo escucha —apuntó Samin.

—Es lo que parece que ha sucedido —pronuncié enérgica—. Justo después de apuntar la meta del curso de cocina, cuando venía de camino hacia acá, me he encontrado a Matías, mi antiguo jefe. Hemos estado hablando y me ha dicho que todavía no tiene nueva cocinera, que si yo quiero el puesto sigue siendo mío.

—Ya…

Quedé desconcertada con su escueta respuesta, que era muy diferente a la esperada.

—No pareces muy entusiasmado —increpé.

—No, la verdad.

—¿Por qué? Es una oportunidad ganada de las que me hablaste. En esta ocasión la voy a aprovechar, porque tengo la ilusión que antes me faltaba.

—No lo es, debes aprender a diferenciar —rebatió—. Esa no es tu música.

—Ya estás con lo mismo —protesté—. ¿Qué quieres que haga?

Samin se tomó un respiro antes de contestar, seguramente presintiendo mi reacción.

—¿Y si vuelves a tocar el violín?

Esa proposición aniquiló de inmediato la ilusión que me inundaba.

—¡Ni hablar! ¡Eso es pasado! Te conté mi historia. Ya sufrí bastante. Me niego a desenterrar lo que estoy tratando de olvidar.

—Hay gente que nunca llega a escuchar su música. No es tu caso, Alicia, sabes perfectamente cuál es y, una vez que la has sentido, se puede silenciar, pero nunca se olvida.

—Me dijiste que tenía que llenar mi vida con las metas que deseara.

—Así es.

—Pues ya he escogido —declaré con contundencia.

—Tu música no es una meta —reveló—, es tu esencia, tu pasión…, y hacerla sonar debe ser tu propósito.

Seguía resistiéndome a subir el volumen de una música que prefería borrar, aunque Samin opinara que eso no era posible.

—No quiero saber nada del violín —recalqué—. Cuando por fin he conseguido reilusionarme, después de años angustiada, me pides que regrese a lo que me hizo sufrir.

—¡Te pido que regreses a lo que era tu sueño! —gritó—. Te pido que te olvides de esa maldita función, de la presión, de la perfección, de los reproches, del pánico, de todo lo que te apartó de tu verdadera melodía, esa que era bella y pura, esa que palpitaba antes de convertirla en el espantoso ruido del que nada quieres saber.

—Esa melodía ya no existe —afirmé—. Quizá nunca existió y siempre fue ruido, a pesar de que no quise verlo. Preferí fantasear, especular con que era especial, que podría llegar lejos… ¿Para qué? Para caer en picado y estrellarme. Lo intenté y fracasé…, punto y final. Mi música no tiene valor; no hace falta volver a confirmarlo, ya lo demostré.

—Muy bien, si es tu decisión, puedes terminar tu andadura aquí —invitó Samin, cediendo, resignadamente, a mi obstinación.

—Defraudé, hice el ridículo, se rieron de mí… —continué enumerando motivos para justificar mi categórica oposición.

Cogí el móvil y busqué en la galería ese vídeo que tantas veces había visto para deleitarme con mi ineptitud, persiguiendo que me comprendiera.

—Mira esto —articulé con lágrimas en los ojos, reproduciéndolo delante de él.

Cuando los treinta segundos de duración finalizaron, Samin me asombró con una inimaginable reacción, que contrarrestaba radicalmente mi parecer: se tronchó de risa.

—¿Dónde está la gracia? —pregunté alucinada.

Se trataba de un montaje que un compañero anónimo hizo después de la función de graduación. En una escena dividida salía yo, en la parte superior, ejecutando mi desastrosa interpretación de Paganini y, en la parte inferior, un gato maullando, como si el sonido del violín y el del animal fueran equivalentes.

—Es bastante bueno —dijo Samin, todavía partiéndose.

—¿También te ríes de mí? —increpé ofendida.

—¡Claro! Ojalá lo hubieras hecho tú en aquel momento —argumentó—. ¿De verdad que llevas años guardando este vídeo? ¿En serio esa estupidez la utilizas todavía para castigarte?

Me quedé en silencio, sin saber defenderme.

—Tienes que aprender a relativizar, a darle importancia solo a lo que es importante.

—Que se burlen cruelmente de mí lo es.

—¿Quién se burló? ¿Un tonto que no tenía nada mejor que hacer?

—Y supongo que las personas con las que compartió el vídeo.

—Supones, ni siquiera sabes esto último —matizó Samin—. Aprende a reírte hasta de ti misma y la vida te parecerá menos seria.

Me acordé de Tomás, que bromeaba sobre el tamaño de su cabeza.

—Te has centrado más en preocuparte por lo que piensan

los demás, que en ocuparte de lo que piensas tú; has estado más pendiente de que tu música les guste a otros, que de que te guste a ti. Ya es hora de que vuelvas a sentir la música como aquel día.

—¿Qué día? —pregunté intrigada, sin saber a qué se refería.

—Aquel día que te regalaron tu primer violín; aquel día que fuiste capaz de ejecutar esa canción que te apasionaba; aquel día que recibiste los aplausos de tus familiares; aquel día que te sentiste una artista; aquel día que amabas escucharte; aquel día que soñaste actuar en el Palacio de la Ópera.

Me trasladé a esos momentos y las lágrimas se avivaron, esta vez cargadas de nostalgia.

—Mírame a los ojos y dime que esos recuerdos no significan nada para ti —requirió Samin, girándome la cara desde la barbilla para forzar el encuentro visual.

No pronuncié ni una palabra, solo disparé a sus pupilas.

—Aquí está tu oportunidad ganada. —Samin metió la mano en el bolsillo y extrajo un arrugado papel.

—¿Qué es eso?

—La dirección de la persona que puede ayudarte a llegar a la montaña de la música —expuso, entregándomelo.

—¿No es una colina como las anteriores?

—No, es una magnífica montaña.

—Me encuentro bien ahora, Samin, no sé si quiero continuar —me sinceré—. He encontrado contenido para llenar mi vida, vuelvo a estar ilusionada… ¿Para qué correr el riesgo de fracasar en el ascenso? ¿Qué pasa si me quedo donde estoy?

Samin rodeó mis hombros, aferrándome cariñosamente.

—Tienes toda la razón —afirmó, contra pronóstico—. Has llegado a la colina del contenido, y eso implica que, si no te alejas, tu vida tendrá sentido. Las vistas que tienes desde esta posición son maravillosas, podrás disfrutar de ilusión, conseguir muchas metas…, incluso ser feliz.

Esos postulados superaban ampliamente mis expectativas.

—El trayecto hasta la montaña de la música es largo e incierto. Pocos lo emprenden y muchos menos lo terminan —aseveró—. En parte porque es duro y, sobre todo, porque es impredecible. Es una montaña que apenas es visible desde la distancia, puesto que se oculta tras la niebla, o debido a que el camino serpentea y perdemos la orientación. Muchas veces solo puede atisbarse cuando te encuentras muy próximo a ella. Esa es la razón por la que la mayoría se retira antes de divisarla, porque la incertidumbre desespera, porque no contemplar el objetivo delante provoca que desconfíes, que dudes de su presencia. Solo si sigues avanzando sin escuchar a los que dicen que esa montaña no existe, porque ellos no la encontraron; si crees con firmeza que es posible y visualizas ese pico, aunque no puedas verlo físicamente, lograrás coronarlo, conquistando el último punto del valle, el más elevado y hermoso.

»Quedarás extasiada al contemplar lo que tienes ante ti y, en ese instante, te darás cuenta de que la travesía compensó, que en el recorrido y en los obstáculos superados hallaste un valor añadido. Entenderás que mereció la pena el esfuerzo y que cada uno de los pasos fue necesario para que ese sueño que tienes frente a tus ojos brille con nueva luz, porque el viaje lo convirtió en un tesoro.

En silencio, manoseaba el papelillo con una mezcla de recelo y curiosidad.

—Detente aquí y evitarás el fracaso —reconoció—. Pero nacerá un fracaso mucho mayor que, con el tiempo, te reconcomerá: no haberte atrevido siquiera a intentarlo.

Su discurso despertó mi intriga: ¿sería tan fascinante esa montaña?

—¿Quién vive en esta dirección? —indagué, abriendo la puerta a descubrirlo.

—Virginia Verdú, una violinista excepcional.

Resoplé al oírlo.

—¿Quieres que vuelva a dar clases de violín?

—Quiero que vayas a verla.

—No sé —seguía oponiéndome, zarandeando la cabeza para mostrar negación.

Samin volvió a introducir la mano en el bolsillo, en este caso para sacar una moneda.

—¿Recuerdas el día que nos conocimos?

Esbocé una sonrisa, intuyendo lo que iba a hacer.

—Si sale cara irás a conocer a Virginia, si sale cruz no insistiré más.

Lanzó la moneda al aire, dejando que cayera al suelo. La recogió y, rápidamente, me mostró el resultado.

—He ganado —pronunció.

—¿Siempre eliges cara?

Samin liberó una risita.

—La vida es cara o cruz, pero, si tengo que elegir yo, prefiero escoger cara —dijo mientras guardaba la moneda.

—Está bien, lo haré —acepté finalmente.

—Me alegro —indicó—. Las oportunidades ganadas siempre hay que escucharlas. Después, tú decides.

—¿Y cómo procedo?, ¿me presento en esa dirección y digo que voy de parte tuya?

—No, di que vas de parte de Amparo Luján.

Esa información me impactó. ¿Por qué de parte de mi madre?

Capítulo XXII

Permanecí cinco minutos plantada delante de esa bonita fachada, revestida de piedra, palpando el timbre de la puerta sin decidirme. Todavía no estaba segura, seguía vacilando entre pulsarlo o largarme. «¿Qué haces ahí?», retornó mi primigenia vocecilla que, a pesar de haber virado su habitual discurso, no desaprovechaba la ocasión para sembrar discrepancia y situarme en el lado del temor.

El vigilante mental cumplió su labor y alertó a la corteza prefrontal. «Estás haciendo lo correcto», rebatió, aplacándola… Y mis dedos apretaron el botón.

Los segundos de espera se eternizaron, removiendo mi estómago un abrupto nerviosismo. Cuando por fin se abrió la puerta, me recibió una mujer de cabello canoso repleto de rulos, ataviada con una colorida bata.

—Hola, soy Alicia Blanco —pronuncié con timidez—. Soy hija de…

—Sé de quién eres hija —cortó Virginia—. Madre mía, la última vez que te vi tenías diez años.

Para mí, su rostro era desconocido. Ni siquiera me sonaba, aunque después de tanto tiempo no era de extrañar.

—Adelante, pasa —solicitó, apartándose para que entrara—. No esperaba visita y me has pillado de cualquier manera.

—No te preocupes.

Accedimos a un amplísimo salón con una decoración recargada, que apenas dejaba espacio libre.

—Ponte cómoda —dijo, señalando el sofá—. Vuelvo en diez minutos.

Preferí aprovechar su ausencia para ojear los cuadros que colmaban las paredes. Eran fotografías de Virginia, o de su orquesta, actuando en auditorios de toda Europa. Pude reconocer el Concertgebouw de Ámsterdam, la Philharmonie de Berlín, el Royal Albert Hall de Londres o el Teatro alla Scala de Milán.

Mi percepción sobre esa mujer, con rulos en la cabeza, se invirtió de manera radical.

—Ya estoy un poco más decente —indicó Virginia, regresando al salón.

Había intercambiado la bata por un conjunto de chaqueta y pantalón, además de haber despejado su pelo, que ya lucía unas bonitas ondas.

—Es alucinante —expresé—. ¿Has tocado en todos esos sitios? —pregunté, haciendo referencia a los cuadros.

—En realidad es una selección, usar el techo me parecía excesivo —añadió bromeando.

Mi mirada continuaba deambulando entre las imágenes, asombrada del reportaje gráfico que evidenciaba su bagaje artístico.

—Estuve más de veinte años en la Filarmónica Checa —informó—. Hace unos meses, cuando me jubilé, decidí regresar a la tranquilidad de mi añorada Galicia.

Virginia, deduciendo que se trataba de un molesto acompañante, apagó la televisión.

—¿Te apetece té?, ¿café?, ¿un refresco? —sondeó.

—No, gracias.

Se sentó en el sofá y yo ocupé el asiento contiguo.

—Tu madre y yo éramos muy amigas —manifestó—. Nos distanciamos al marcharme a Chequia, pero siempre le he guardado un enorme cariño. Mantuvimos contacto telefónico ocasionalmente hasta que... —Hizo una pausa—. Me da mucha pena lo de su demencia —comentó afligida.

—Sí, es una pena.

—Fui a verla a la residencia, aunque creo que no me conoció —precisó, haciendo otro paréntesis en su exposición.

Me entraron ganas de llorar, haciendo un esfuerzo para contenerme.

—Tu madre era una pianista extraordinaria, podía haber llegado muy lejos si no hubiera abandonado su carrera cuando él se fue —comunicó.

«Él se fue», retumbó con fuerza en mis oídos, sin comprender muy bien a qué se refería.

—Tengo entendido que tú has heredado su talento —insinuó.

Esa afirmación me incomodó, haciéndome sentir una impostora.

—No, en absoluto —contradije.

—Lo último que sé es que te graduaste como violinista.

—Sí, pero de eso hace mucho. En realidad, no soy violinista —continué desestimándome.

—¿Por qué?

—Porque no he vuelto a tocar desde entonces.

—Eso no impide que lo seas —resolvió—. Permíteme escucharte.

Virginia se levantó, aproximándose a una estantería. Se agachó para coger un violín que estaba apoyado en la base, abrió la funda para enseñármelo y tuve la sensación de que me apuntaba con una escopeta. Noté auténtico pavor.

—De verdad que ya no me acuerdo —refuté agitada, justificándome para evitar enfrentarme a un instrumento que, si su sola presencia me acobardaba, al estar sujeto por Virginia se convertía en un infausto objeto que solo podía conducirme al ridículo.

—Toca lo que sea —solicitó, ofreciéndome el violín—. Algo que dominaras bien.

Mi primera reacción fue un impulsivo rechazo. Estuve a punto de apartarlo de mi vista de un manotazo. Su proximidad me asustaba y traté de desviar la mirada; sin embargo, todavía conservaba el embrujo para lograr seducirme y, cuando lo tuve a escasos centímetros, cedí a la persuasión. Dejé que lo depositara en mis manos, recuperando su tacto.

—No sé lo que va a salir —avisé, previniéndola del posible fiasco.

—No pienses más y toca.

Y volví a tocar. Y mi música sonó de nuevo. Y, al contrario de lo que presuponía, no fue una tortura. Me embistió una sacudida de éxtasis y esa melodía penetró en cada fibra de mi cuerpo.

Virginia me contempló, con exhaustiva concentración, durante el intervalo en el que reproduje a Isaac Stern.

—Ha sido un desastre —dije críticamente al concluir, a pesar de que mi corazón no compartía mi opinión; los intensos latidos daban la impresión de ser su forma de aplaudir.

—A mí no me lo ha parecido —objetó ella, ante mi sorpresa—. Amparo me dijo que eras capaz de tocar el *Capricho n.º 9* de Paganini.

¿Mi madre le había contado eso?, me pregunté, extrañada de que presumiera de su hija.

—No, no es cierto —desmentí tajante.

—Vamos, toca solo un fragmento —me animó, desoyéndome.

—Ya te he dicho que no sé —insistí con más ahínco.

—¿Y si decido yo eso? —formuló.

Del hueco que existía en la parte inferior de la mesa, cogió una tablet. La toqueteó durante unos segundos y, a continuación, me mostró la partitura, incitándome a interpretarla.

—Solo empieza —alentó—. No importa cómo lo hagas…, no te estoy examinando.

Tardé en arrancar, pero lo hice sin darle tregua a mi mente para que me recordara el indeseado día.

La introducción era lenta y no demandaba una técnica exigente, por lo que defenderla fue viable. No obstante, en el instante en el que la pieza se trasladó al *allegro,* con saltos de cuerda, trinos y veloces pasajes que requerían una habilidad superior, percibí que me faltaban dedos. Aun así aguanté mucho más de lo que esperaba, sorprendiéndome a mí misma, hasta que cometí el primer error y no me concedí otra oportunidad.

—Lo siento, no sé más —me disculpé, suspendiendo la ejecución bruscamente.

—¿Cuánto tiempo llevas sin tocar? —indagó.

—Doce años.

—¡Doce años! —repitió Virginia en voz alta—. Si después de doce años puedes hacer eso, imagínate si volvieras a ensayar.

—Sé sincera —demandé—. Después de haberme escuchado, ¿en serio crees que sería capaz de dominar el *Capricho n.º 9?*

Virginia sonrió.

—No —expresó rotunda.

—Claro que no —reforcé la incuestionable respuesta.

—Serás capaz de dominar el *Capricho n.º 24.*

Me quedé atónita al oír esa impensable afirmación. ¿Estaba de broma?

—Es la composición para violín más compleja que existe —le recordé, para hacerla recapacitar, por si se había confundido de número.

—Lo sé —confirmó—. Y tú, una de las violinistas más virtuosas.

Su réplica incrementó mi asombro. Esas palabras, viniendo de una celebridad de su talla, multiplicaban su valor, pero seguía sin creer merecerlas.

—Agradezco tu elogio, aunque lo dudo bastante —indiqué.

—¿Por qué no lo comprobamos? —planteó—. Déjame que sea tu profesora.

—Es que… —No se me ocurría una contestación para el inesperado ofrecimiento—. No estoy a la altura…, ni siquiera tengo violín…, lo vendí.

—Puedes usar ese.

—Tampoco tengo dinero para pagar las clases. —Sumé una nueva excusa.

—No te voy a cobrar nada.

Sus rápidas soluciones dificultaban mi oposición.

—¿Qué te parece si probamos unos meses? —lanzó.

La idea de tener como profesora a Virginia era tentadora.

—¿Y qué propones? ¿Un par de días a la semana? —consulté, sopesando cómo podría encajar esa nueva actividad en mi agenda.

Virginia soltó una fuerte carcajada.

—De esa manera no serían meses, sino lustros —arguyó—. No se trata de que te entretengas tocando el violín, te estoy hablando de que regrese «Alice White».

No pude retener más el llanto. Era el nombre artístico que usaba de niña, cuando mi música resonaba con fuerza. El ondulado pelo grisáceo lo coloreé de negro, borré las arrugas de su rostro y, retrocediendo en el tiempo, por fin conseguí descifrar su identidad; vagamente se forjó el recuerdo.

—Tú me pusiste ese apodo, traduciendo mi nombre, Alicia Blanco, al inglés —dije, estableciendo la conexión que, de repente, me hizo evocarlo.

Virginia acarició mi cara con la yema de los dedos.

—Sí, yo tuve el privilegio de presenciar uno de los primeros conciertos de Alice White junto a Winnie de Pooh, Pluto y Mickey Mouse —reveló.

Me desplacé temporalmente a los ocho años. En el fondo del salón colocaba a mis peluches, a modo de espectadores, y les ofrecía exclusivos espectáculos, ejerciendo la doble función de presentadora y artista solista. «Y, con todos ustedes, la mejor violinista de todos los tiempos: Alice White», anunciaba a viva voz, simulando yo misma la sonora ovación de mi particular público.

—¿Has recorrido medio mundo tocando y todavía te acuerdas de mi concierto? —pregunté, retirando una lágrima de mi mejilla.

—Jamás olvidaré esa sonrisa.

Bajé la cabeza, apuntando al suelo.

—Me gustaría verla de nuevo —indicó.

—Ya no soy una niña ni juego con peluches.

—Soñar no está reservado solo a los niños.

Continué en la misma posición, sin pensar en nada…, o tal vez pensando en todo.

—Para que regrese Alice White tienes que volver a enamorarte de ese instrumento, tienes que recuperar el fervor, tienes que…

—Sentir mi música —terminé la frase, recreando las palabras de Samin.

—¡Exacto! —exclamó—. Y eso no se consigue con un par de horas a la semana, sabes que necesitas entregarte por completo.

—Ya he pasado por ahí —dije, meneando la cabeza—. Sé lo que es entregar mi vida al violín, sacrificarme día y noche.

—No te estoy pidiendo ningún sacrificio, solo amor —manifestó—. Cuando amas algo no existe sacrificio, sino deseo, entusiasmo, gozo.

—Fue una relación tortuosa —alegué, como si hablara de una antigua pareja—. No creo que compense repetirla.

—¿El violín te maltrató? ¿Te gritó? ¿Te insultó? Fuiste tú quien decidió estar el día entero pegada a él y quien decidió no volver a verlo más.

Esa afirmación era irrebatible.

—El violín no es el culpable —sentenció Virginia—. Solo necesitas alejarte de lo que verdaderamente destrozó la relación. Nadie debe interponerse entre vosotros, piensa solo en disfrutar, en escucharte, en tocar para ti… Es lo que yo he hecho siempre: tocar para mí, aunque tuviera a mil personas delante.

Me impresionaba esa capacidad de abstracción para aislarse del entorno, tan distante de mi propia experiencia.

—Cuando logres tocar para ti, liberarás tu verdadera música y descubrirás su sonido real.

Percibía que se trataba de un objetivo engañoso; lo sencillo, muchas veces, es lo más difícil de lograr.

—¿Cuánto tiempo haría falta para eso? —inquirí.

—No sé la respuesta —admitió—. Depende de dos factores: talento y esfuerzo. El primero lo tienes; el segundo lo debes aportar. Si lo pones todo de tu parte, quizá en cinco o seis meses Alice White esté de vuelta.

—No puedo perder ese tiempo —protesté.

—No es una pérdida, es una inversión —objetó Virginia—. Si se tratara de un hijo en vez de ti, le dirías que se formara, que estudiara, que se preparara para el futuro, que se esmerara para conseguir lo que desea. En cambio, cuando se trata de nosotros mismos, pensamos que ya es tarde, que nuestro turno pasó y no merecemos esa inversión, porque el tiempo avanza y no podemos perderlo, sin darnos cuenta de que ese avance, en realidad, debería ser el motivo que nos empujara a actuar.

Entendía su apreciación, aunque continuaba indecisa.

—Tengo que ponerme a trabajar —expresé.

—Estarás trabajando sin cesar.

—Pero no ganaré dinero.

—Así son las inversiones —contestó, abriendo sus brazos en cruz—. La recompensa se aplaza.

—Y tampoco es segura —maticé.

—No, claro —confirmó—. Aparte de la muerte, ¿hay algo seguro en la vida?

Solté un suspiro. En este momento, nada había más inseguro que mi propio juicio.

—Vamos a ver, Alicia, lo primero es comer y pagar tus facturas. Por tanto, si no dispones de suficiente dinero para eso, no es posible realizar la inversión. Eso no significa que apartes tu sueño para siempre, solo hay que replantearse su persecución.

—¿Cómo?

—Puedes compaginarlo con otro trabajo, al menos hasta que tengas mayor solvencia económica. Obviamente, el objetivo se retrasará bastante, siendo improbable que alcances tu máximo nivel. Si das el cincuenta por ciento, obtendrás el cincuenta por ciento. En cualquier caso, habrás recobrado tu desterrada pasión, y esa recompensa sí que es inmediata.

Esa opción es la menos arriesgada y tal vez la más sensata, reflexioné.

—Piénsalo, Alicia, no tienes que decidirlo hoy. La única elección que debes tomar en este instante es la de no volver a abandonar aquello que te hace feliz…, y está al alcance de tu mano —finalizó, señalando el instrumento que todavía sostenía.

Acaricié la tapa del violín con suavidad, recorriendo con mis dedos el mástil, y una indescriptible emoción resurgió, floreciendo el deseo irrefrenable de volver a estrecharlo, de volver a palpar sus cuerdas.

No sabía si eso significaba amor; no obstante, fue suficiente para discernir que lo quería a mi lado.

—Quédatelo…, y no lo pongas a la venta —bromeó Virginia.

—¿De verdad? Es un gran violín, no puedo aceptarlo —contesté asombrada.

—No es un Stradivarius, pero es un buen instrumento.

—¿Y tú?

—No te preocupes, tengo otros.

—Gracias, no sé qué decir —expresé emocionada.

—No digas nada, solo hazlo sonar. Y si te decides a ser mi alumna…

—Ya está decidido —interrumpí.

Una gran sonrisa se explayó en el rostro de Virginia. Daba

la impresión de que la ilusión la envolvía a ella tanto como a mí. ¿Por qué lo hacía? ¿Por qué me ayudaba de manera desinteresada? Quizá fuera su meta de utilidad.

Nos despedimos con el compromiso de vernos de nuevo en unos días. Nada más salir, me asaltó esa duda que no había resuelto.

—¿Por qué has dicho que él se fue?

—No sé a qué te refieres —indicó Virginia.

—Antes, hablando sobre mi madre, has dicho que ella dejó el piano cuando él se fue. ¿Quién?

—Tu padre —respondió rápidamente, dando a entender que se trataba de una obviedad.

Cerré la puerta y volví a ingresar al interior de la vivienda; faltaba una explicación.

—Se fue porque mi madre lo echó, ¿no?

—¿Ella? ¡Claro que no! ¡Lo amaba! —aseveró con firmeza.

Mi madre nunca había querido hablarme del tema. Unilateralmente opté por crear mi propia versión, responsabilizándola de una situación de la que también fue víctima. Su silencio lo interpreté como una sospecha inequívoca y fue a ella a quien condené.

Virginia debió percibir la palidez en mi rostro y apaciguó el mensaje.

—¿Estás bien? Creí que lo sabías.

—¿Qué pasó? —pregunté en cuanto logré reaccionar.

—En uno de sus largos viajes a Sudamérica conoció a una chica y se quedó con ella. No regresó.

—¡¿Así?! ¡¿Sin más?!

—Es todo lo que sé.

También era todo lo que necesitaba saber yo. Al parecer, no solo los marineros de la playa de las Catedrales se habían dejado seducir por cantos de sirena.

—Tu madre lo pasó fatal, se deprimió mucho —reveló—. Tenía ofertas en el extranjero, oportunidades importantes. Las rechazó y abandonó su carrera profesional para centrarse en ti y en tu formación.

No solo me di cuenta de que había sido injusta, comprendí que ella también apagó su música, buscando refugiarse en la mía.

Cuando salí de casa de Virginia, mi cabeza echaba humo. Era tanta la información acumulada, que resultaba complicado procesarla. Debía afrontar varias acciones pendientes, aunque tenía claro por dónde empezar.

—Hola, mamá —pronuncié nada más verla.

La encontré en su rincón favorito, al lado de esa ventana que conseguía hipnotizarla. Se giró despacio para mirarme, ofreciéndome un rostro inexpresivo que eventualmente exhibía y me costaba asimilar; no me acostumbraba a la posibilidad de ser anónima para ella.

—Soy yo, tu hija. —Ayudé a su memoria.

Sus párpados se encogieron, tratando de enfocar.

—¿Alicia?

Hacía mucho tiempo que mi nombre no salía de sus labios. Fue suficiente para dibujarme una sonrisa, comprobando en su semblante cómo esta, al igual que un bostezo, también se contagia.

—¿Dónde has estado? —preguntó, recobrando la expresión facial.

Era difícil la respuesta, porque tocaba el turno de su particular historia.

—Tocando el violín —opté por una verdad que intuía que le agradaría.

—¡Qué bien! —exclamó—. Yo también quiero tocar el piano.

—¿Te acuerdas de la canción de Mozart que interpretábamos juntas? —indagué, sin esperanza de que esa pregunta fuera efectiva.

Inesperadamente, llevó las manos al aire y empezó a simular que se deslizaban por el piano. No me sorprendió el gesto, lo que me dejó boquiabierta fue que el movimiento de sus dedos no era aleatorio.

Metí la mano en el bolso para sacar los auriculares y cerciorarme de que no se trataba de una casualidad. Los coloqué en sus oídos y busqué ese tema en la aplicación musical de mi móvil, activando el reproductor... Y no fue lo único que se activó.

Como si esa melodía la hubiera poseído, mi madre adoptó una postura erguida y sus dedos empezaron a zarandearse sobre el imaginario teclado, desplazándose ágilmente, con una armonía que despejaba la incógnita; lo que presenciaba era cierto: estaba ejecutando la pieza musical.

Amparo permanecía absorta, tan concentrada que cerró los ojos, dejándose envolver por un sonido que no podía oírse, aunque sin duda sonaba.

Sin interrumpirla, esperé a que despertara de un trance que confirmaba lo que Samin me había dicho: «La música se puede silenciar, pero nunca se olvida».

—Ha sido maravilloso —expresé cuando concluyó la enajenación y las manos regresaron al regazo.

De manera instintiva, me aproximé a ella y la abracé como no lo había hecho nunca, como debería haberlo hecho siempre. Aplasté su mejilla con la mía y rescaté otra melodía que había censurado durante demasiado tiempo.

—Te quiero, susurré con delicadeza en su oído, comprobando en ese sonido que la música no solo se compone de notas, también puede hacerlo de amor.

Desde la residencia me encaminé hacia la segunda parada. Pese a no ser una prioridad, prefería dejarlo zanjado cuanto antes. Había aprendido que las dudas no disminuyen con el tiempo, sino que van en aumento. Por eso no quería demorar mi decisión.

El problema de decidir estriba en que tienes que elegir en el presente algo que afecta al futuro. De ahí que nunca exista una certeza; solo te puedes guiar por la intuición…, y esta no tiene una bola de cristal.

La intuición me animaba a apostar por ello; sin embargo, el miedo me prevenía del riesgo, equilibrando una balanza que oscilaba su inclinación conforme añadía argumentos en uno u otro lado.

Era curioso que de repente me preocupara perder el tiempo, una práctica en la que era una contrastada experta. Pero eso era cuando vivía de espaldas al reloj. Quizá había llegado el momento de ganar el tiempo.

La idea de no generar ingresos me agobiaba. A pesar de que no tenía una hipoteca que amortizar y la residencia de mi madre se sufragaba con su pensión, mi mente se fiaba más de la liquidez que de las inversiones.

Hice un cálculo aproximado, determinando que, con los ahorros que me quedaban, sin hacer alardes, podría sustentarme durante seis meses.

«No olvides que son ahorros de emergencia», anunció la vocecilla inconsciente.

«Es posible que esta sea la emergencia», refutó la esfera consciente.

Me estaba acercando al destino y seguía sin aclararme. Asumí que no llegaría a la plena convicción, así que tenía que elegir y confiar. Debía decantarme por pájaro en mano o por ciento volando…, y me pareció que la diferencia de pájaros era enorme.

Me detuve en la entrada, respiré profundamente y accedí.

—¡Qué tal, Alicia! Pasa, no te quedes en la puerta.

—Hola, Matías, venía a hablar contigo sobre lo que me propusiste de volver a trabajar —comuniqué con voz temblorosa.

—Perfecto, me alegra contar contigo —afirmó, seguro de sí.

—No, espera.

Su cara se desfiguró.

—Te agradezco mucho que volvieras a depositar tu confianza en mí, ya que no la merecía…

—¿Has encontrado otro trabajo? —consultó, sin dejarme terminar.

—No es eso.

—¿Entonces? —escrutó sin entender el motivo.

—Es solo que quiero escuchar mi música.

En esa respuesta Matías no halló el motivo, pero yo sí. Deliberé que la oportunidad ganada no se encontraba en volver a trabajar, sino en volver a soñar y, si quería algo grande, tenía que soñar a lo grande.

Estaba preparada para dirigirme a la parada final: el punto de origen. Me planté de nuevo en esa linda fachada y, a diferencia de la vez anterior, no demoré en tocar el timbre.

—Hola, ¿por qué has vuelto?, ¿pasa algo? —me interrogó Virginia, extrañada de mi repentino regreso.

—No, tranquila, no pasa nada… Bueno, sí —emití titubeante—. He venido para comentarte una cosa.

Virginia frunció el ceño, pendiente de que esclareciera mi confuso alegato.

—No me conformo con el cincuenta; voy a dar el cien por cien —solventé.

Nada más articularlo, tuve la impresión de vislumbrar, a lo lejos, la difusa silueta de esa onírica montaña.

Capítulo XXIII

Cuando le comuniqué a Samin la decisión de aventurarme en dirección a la montaña de la música, me abrazó entusiasmado.

—Aun así, no sé si voy a llegar —le advertí, compartiendo el respeto que la travesía me provocaba.

—Lo único que debes pensar es que ya has llegado —corrigió Samin, al mismo tiempo que lanzaba una pelota de tenis al aire para que la atrapara Dominó.

El perro se apresuró a buscarla y la recogió con sus dientes, regresando velozmente para depositarla en los pies de Samin.

Acaricié su cuello y Dominó se quedó inmóvil, sin apartarse; parecía que, al igual que yo, empezaba a confiar.

—Al final os vais a llevar bien —dijo Samin, percatándose—. No es por nada, pero necesita un hogar.

Dominó ensanchó los párpados mirándome con ternura, aparentando haber comprendido ese mensaje.

Una mascota no estaba en mis planes, aunque lo cierto era que nada lo estaba; mi vida carecía de planes antes de añadirle contenido.

—¿Cómo se alcanza una montaña que todavía no puedes ver? —indagué, retomando el hilo inicial, en el que deseaba profundizar.

—Con fe.

—Había oído que la fe mueve montañas, no que te condujera hasta ellas.

—La fe consiste en creer sin ver —afirmó—. Cuando tus ojos no llegan a apreciarlo, es tu mente la que aporta las imágenes a través de la visualización. Tienes que visualizar ese ascenso con nitidez. Y no es suficiente con vislumbrarlo en tu cabeza, hay que sentirlo, tienes que experimentar la sensación de estar en lo alto de esa montaña, emocionarte como si estuviera sucediendo, como si fuera una realidad, anticipando el triunfo en tu mente.

Balanceé mi cabeza de un lado a otro, restando credibilidad. Recordé que en una ocasión, cuando vivía en Madrid, asistí con una amiga a la conferencia de un autor que afirmaba que todo era posible, solo bastaba con pedírselo al universo e imaginar la consecución del deseo. Nos decía que todas las noches repitiéramos «el dinero me está persiguiendo». Según él, solo con eso, sin hacer nada más, en unas semanas nos llovería la riqueza. Mi incredulidad fue total en ese momento, y esto sonaba a lo mismo.

—Entonces, lo deseo, lo visualizo ¿y ya está? ¿A descansar después? —sondeé con ironía.

—Yo te hablo de visualización activa, no de milagros…, es muy diferente —matizó—. En efecto, primero tienes que desearlo, después visualizar cómo lo estás logrando, aunque el descanso, inevitablemente, debes modificarlo por la acción: tienes que ir a por ello. Si quieres que te toque la lotería, por lo menos échala —bromeó.

»Lo que te pido es que cambies el enfoque, que des un vuelco a tu mentalidad —determinó—. Hasta ahora has usado la imaginación para recrear el fracaso… ¿Y si pruebas con el éxito? —planteó.

Quizá fuera coincidencia, pero después de años proyectando el fracaso, la vida me dio la razón haciéndome sentir una fracasada. ¿Funcionaría igual a la inversa?

—Existen dos tipos de visualizaciones: destructivas y constructivas —enunció Samin—. Las primeras, como su nombre indica, sirven para destruir tus aspiraciones, instaurar temores y limitar tu vida; en el otro sentido están las que ofrecen la posibilidad de forjar sueños y acercarte a la vida que deseas. Sin embargo, la gente se decanta por las visualizaciones destructivas... ¿Por qué?

—Eso me gustaría saber —indiqué.

—Porque destruir es mucho más fácil que construir —desveló—. Un edificio lo puedes hacer volar en segundos, lo mismo que tarda en arder un libro; un terremoto, en un santiamén, puede reducir a escombros una ciudad, aunque cuesta años volver a levantarla. Construir no es un proceso automático, implica un trabajo que depende de ti. Ese es el motivo: a la mente no le supone ningún esfuerzo vaticinar preocupaciones, miedos o tragedias. En cambio, para ilusionarse, soñar o ser feliz, requiere de tu ayuda.

—¿Y cómo puedo ayudarla?

—Introduciéndole la información que deseas que te muestre.

Recibí esa respuesta con un gesto de incomprensión.

—Te habrá pasado muchas veces que después de realizar una búsqueda en internet, por ejemplo de un hotel en la playa, posteriormente cada vez que accedes a la red, te han aparecido anuncios e información relativa a hoteles, vacaciones, las mejores playas...

—Sí, es increíble, parece magia.

—Pues no lo es —indicó Samin—. Son *cookies*.

—Ah, claro, a través de estas conocen nuestros gustos y preferencias.

—En efecto —confirmó—. Las *cookies* almacenan datos sobre tu actividad, basándose en las páginas que visitas o los productos que compras. Si a menudo te metes en webs de viajes o pinchas en enlaces relacionados con los viajes, las *cookies* interpretan que te interesa ese ámbito y te van a mostrar recomendaciones, sugerencias y publicidad relacionada.

—De acuerdo, comprendo, pero ¿qué tiene que ver eso con la mente?

—Que realiza la misma función, a través del sistema reticular ascendente —detalló.

Samin interrumpió el discurso un instante para volver a lanzarle la pelota a Dominó.

—Imagínate que quieres comprarte un coche. Después de un tiempo dándole vueltas, visitas el concesionario y te gusta un todoterreno rojo que tenían expuesto —planteó la hipótesis—. Seguro que en los días sucesivos tendrás la impresión de que ese coche lo ves más de lo habitual, pero no solo ese modelo, también otros de la misma marca, y otros coches de color rojo, y otros todoterrenos, y también ofertas o anuncios. Y quizá hables con alguien que, casualmente, se ha comprado un coche... Las *cookies* de tu cerebro han determinado que te interesa esa marca, ese modelo, los todoterrenos, los coches en general y hasta el color rojo, enseñándote información relativa a ese tema, que te persigue como si el firmamento, misteriosamente, conociera tus intenciones. Parece una coincidencia del destino, pero no lo es; el sistema reticular ascendente, a través de su red neuronal, se ha puesto en marcha ejecutando una percepción selectiva, que filtra el contenido y prioriza los estímulos sensoriales a los que prestar atención, concentrándose en aquellos que considera relevantes para ti.

Había experimentado esa sensación en numerosas ocasiones, aunque, tal y como había resaltado Samin, también había pensado que era fruto del azar, o una sucesión de enigmáticas señales.

—Lo que quiero que entiendas es que la realidad es un espejo de los pensamientos y, sobre todo, de las emociones que predominan en tu cabeza. No ves lo que deseas ni lo que te gustaría, solo aquello en lo que te enfocas —explicó—. Esto entraña que, si te enfocas en lo negativo, la realidad será negativa, porque tu cerebro se convertirá en un «detector» de negatividad, mostrándote más de lo que interpreta que te interesa, y descartará situaciones propicias, que pasarán desapercibidas.

»Vamos a hacer un juego —propuso Samin—. Durante cinco minutos céntrate únicamente en buscar el color negro a tu alrededor. Fíjate en todos los elementos que te rodean y trata de localizar aquellos que sean negros.

Siguiendo su indicación, me esmeré en esa tarea, aguzando la vista para identificar ese color.

—Vale, puedes parar —dispuso, al finalizar el intervalo—. Lo encontraste, ¿verdad?

—Sí, varias veces —confirmé.

—Está claro que habrás visto el negro, porque era el objetivo. Sin embargo, tu atención selectiva te habrá enseñado también el marrón, el azul marino o el gris, al ser colores que guardan similitud, puesto que tu cerebro dilucida que te interesa la tonalidad oscura.

Así había sucedido, igual que si tuviera un radar, me detenía instintivamente en colores afines.

—Pues de la misma manera, si coloreas la vida de negro la percibirás así, distinguiendo solo la oscuridad —razonó—. El cerebro no se limita a seleccionar con exactitud, sino que busca temas semejantes que puedan estar relacionados. Si te centras en problemas, también incluirás en el mismo grupo inconvenientes o simples contratiempos; cuando tienes una preocupación, es muy probable que veas otras preocupaciones diferentes y, si prestas atención a estas, el sistema reticular ascendente resolverá que te interesan las preocupaciones en general y te martilleará con ellas. Lo mismo te sucederá con el miedo o con las quejas: si eres temeroso, tu vida se llenará de miedos; si eres quejicoso, descubrirás motivos constantes para quejarte. «Parece que lo atraigo», protestarás sin entenderlo. Y ciertamente es así, porque te conviertes en un imán de aquello en lo que te enfocas.

—¿Por eso es tan necesario escoger el foco?

—Así es —confirmó Samin—. Si tu enfoque es positivo, no significará que solo te vayan a pasar sucesos buenos, pero, al priorizar ese contenido, es lo que apreciarás en mayor medida, y tendrás la impresión de que las cosas van bien, atisbando la realidad de manera favorable.

Esa afirmación podía secundarla, porque la había experimentado en primera persona. Mi forma de ver la realidad se había transformado desde que apareciera Samin y comenzara la andadura por el valle. En verdad no había cambiado la realidad, había cambiado yo.

—Durante años te enfocaste en que no eras capaz, en que no servías, en que eras una perdedora… y es lo que viste. Es el momento de borrar tu historial y modificar la búsqueda. Teclea «éxito» en tu imaginación y visualízalo hasta que se plasme en tus ojos.

—¿Y si no llega a plasmarse?

—Si buscas éxito, sentirás éxito y percibirás éxito… Es inevitable —dijo Samin sonriente—. Durante el viaje hasta la montaña de la música, eso es lo único que debes ver: música. No importa que haya dudas, que no puedas divisarla, que a veces te sientas cansada o desanimada. Continúa avanzando con decisión, manteniendo esa fe inquebrantable, con la absoluta convicción de que te estás acercando, a pesar de que no alcances a distinguir la distancia que resta. Solo tienes que pensar en dejar atrás una nueva huella.

Tal vez el éxito no está solo en la cima, sino en cada paso que das hacia ella, deliberé.

—Te he descrito cómo utilizar la mentalidad a tu favor, aunque hay algo que no te he contado —comentó Samin.

—¿Qué? —cuestioné intrigada.

—No hay una explicación racional, por lo menos yo no la tengo, pero la evidencia demuestra que cuando tienes claro tu propósito, lo persigues con pasión, lo sientes dentro de ti y eres capaz de verlo y creerlo, la vida también te echa una mano, posiblemente tratando de recompensar la confianza depositada en ella, avalando tu valentía con una invisible complicidad que pugna por guiarte.

Tal y como me aconsejó Samin, solo necesitaba saber que funcionaba. Tampoco requería más argumentos para convencerme, ya estaba convencida… y lista para partir.

—¡Sí! ¡Lo vamos a conseguir! —entoné pletórica de energía.

—Lo vas a conseguir —rectificó Samin—. En este trayecto no puedo acompañarte.

—¡¿Qué dices?! ¿Por qué no?

—Se trata de tu música —especificó—. Solo tú puedes encontrarla.

—¿Me dejas sola? ¿No nos seguiremos viendo?

—Nos veremos en la cima —respondió—. Aguardaré con impaciencia a que culmines los últimos metros del ascenso. Sin interrumpir tu momento, estaré sentado, disfrutando de la emoción y satisfacción que te proporcionará la conquista de esa cumbre. Esperaré a que te acerques hasta el borde y sientas la altura, a que respires ese vértigo que no infunde miedo, sino júbilo. Cuando, por fin, mires al frente, me dedicaré a contemplar, en silencio, tu cara de asombro al admirar las vistas que te envuelven.

—Para eso faltan meses, no sé cuándo tendré esas vistas delante —indiqué, anhelando ese idílico encuentro con Samin y a la vez desconfiando de que verdaderamente se produjera.

—Tú no, pero yo sí lo sabré —dijo guiñando un ojo—. Y allí estaré para aplaudirte.

Capítulo XXIV

Inicié la travesía como si hubiera montado en un avión con los ojos vendados, con la incertidumbre de no conocer el rumbo y con la ilusión de no conocer el rumbo. Jamás habría imaginado que incertidumbre e ilusión pudieran colocarse en la misma frase; que lo inexplorado fuera capaz de atraerme en vez de atemorizarme.

Grabé en mi cabeza la palabra «música», y me dediqué, un día tras otro, a perseguir su sonido. En unas ocasiones parecía que me estaba aproximando; en otras notaba que me distanciaba. Pero la fe de la que Samin me había hablado permanecía intacta. Visualicé las vistas, desde la cúspide de la montaña, cientos de veces; en mi mente no había niebla, el destino lucía con claridad.

Establecí con Virginia un plan intensivo de trabajo, que casi ocupaba el día entero. Por la mañana me impartía clases de violín y por la tarde practicaba yo en casa.

Las metas que había programado, en la colina del contenido, tuvieron que reajustarse un poco. El curso de cocina lo descarté; mis prioridades habían permutado. Continué adelante con el objetivo en el horizonte de la media maratón. Para ese fin salía a correr por las noches, lo que, además, me permitía airearme, desconectar durante un lapso de la música y preservar el hábito saludable del ejercicio.

También me lancé a llevar a cabo el proyecto como voluntaria. Los domingos por la mañana ejercía de animadora, encubriendo la nostalgia y la apatía, que teñía a la residencia, con juego y diversión, tratando de que, por unas horas, se disfrazara de guardería.

Al principio hubo reticencias para participar. Mi primer campeonato de petanca lo tuve que suspender por falta de competidores. No obstante, seguí insistiendo, sabía por experiencia que la motivación no llega de forma instantánea cuando lleva demasiado tiempo dormida. Así que varié la estrategia. Si era dificultoso levantarlos, podría comenzar por mantenerlos sentados.

Al fondo del salón principal, utilizando palés de madera, pintura y tela, con la ayuda de Alfonso, fabricamos un pequeño escenario. Tenía claro quién sería la primera estrella. Cuando se lo propuse, me costó convencerlo…, pero lo convencí… y fue mejor de lo esperado. Tomás interpretó su primer monólogo, prácticamente improvisado, sacando las carcajadas de un público que no precisaba moverse para disfrutar de la actuación. Sin embargo, a lo largo de la misma, algunos abandonaron la engañosa comodidad de sus asientos y se acercaron para atender mejor, alzándose voluntariamente.

Tomás abrió la veda y, a partir de ahí, los propios residentes resolvieron que el show debía continuar: humor, karaoke, poesía y, cómo no, música, con mi madre como protagonista en una de las actuaciones, danzando nuevamente sus dedos, esta vez sobre un teclado real.

También hubo magia en el escenario, la que hizo Alfonso con sus trucos de cartas, y la que obró cada uno de los internos que se atrevió a desprenderse de la desidia y dar un paso al frente, demostrando que se puede brillar a cualquier edad y que nunca es tarde para ponerse en pie si existe un motivo.

Ese motivo era el que también me hacía a mí ponerme en pie cada mañana, sabiendo para qué lo hacía; era lo que marcaba la diferencia entre la Alicia de antes y la de después: existía una razón para abandonar la cama. Ya no se me hacía largo el día ni quería que terminara, porque había descubierto su sabor y deseaba devorarlo.

La energía que me proporcionaba la ilusión era imparable, no hay complejo vitamínico que la supere. Cuando no hacía nada, siempre estaba cansada; sin embargo, haciéndolo todo, solo llegaba el agotamiento a la hora de dormir. Me desmayaba fulminantemente, descansando hasta que el despertador sonaba y, lejos de molestarme su sonsonete, me advertía de que estaba cargada y retornaba el turno de desayunarme un nuevo día.

Las veinticuatro horas, que antes resultaban interminables, parecían que volaban. Es increíble lo rápido que pasa el tiempo cuando lo disfrutas. Muchas veces perdía la noción temporal y no sabía si era lunes o viernes, puesto que había aprendido a centrarme en el presente, otorgándole a cada día su valor, sin anticipar ni esperar a que llegara mi favorito. Como si se tratara de hijos, los quería a todos por igual.

Cuando ya habían transcurrido dos meses, fui consciente de que transitaba por el camino correcto, porque era capaz de oír un hilillo de esa música que siempre había permanecido dentro, silenciosa, pero latente. Todavía no sonaba del modo que deseaba, quedaba una larga distancia por recorrer. A veces, eso me inquietaba, no obstante, en los instantes de flaqueza estaba Virginia para arroparme y aportarme la calma que necesitaba: «No te preocupes, estás progresando y eso es lo importante». «Ten paciencia, el premio llega para los que saben esperar», esgrimía.

Virginia era la antítesis de mi antiguo profesor de violín. De manera opuesta a él, no tenía prisa por que llegara la melodía, solo se preocupaba por su belleza. También me permitía experimentar, equivocarme y probar, contrastando con el miedo que antes me daba fallar o modificar una sola nota. La originalidad no tenía cabida en el pasado, solo podía copiar otros sonidos, dando por sentado que eran mejores que el mío. En cambio, Virginia buscaba lo contrario, que fuera yo quien tocara, no una réplica de otro compositor. «Toca para ti», insistía.

—¿Cómo voy a tocar para mí, si la canción es de otro? —le contesté en una ocasión.

—Eso es indiferente —apuntó—. Él no está aquí, estás tú…, así que sé tú.

«Sé tú», «toca para ti», «puedes hacerlo», «vales mucho», «eres capaz», «no pasa nada», «a la próxima será»… eran las palabras que Virginia me dedicaba, alentándome sin cesar. Las broncas, insultos, rencillas y desprecios de antaño se habían transformado en ánimo y confianza constante, irradiando coraje, energía y empuje para vivificar mi propia partitura, en lugar de censurarla.

Al tercer mes tuve la impresión de que había avanzado más que en los dos anteriores, más que en toda mi vida. Mi destreza había aumentado hasta límites insospechados; los dedos recuperaron su agilidad y eran capaces de soportar velocidades extremas. Eso hizo que mi autoestima subiera de nivel, sintiendo, por primera vez, que era yo quien dominaba el instrumento y no a la inversa. Le perdí el miedo al violín y, al igual que ya había hecho con mi mente, lo puse a mi servicio.

Cuando inicié el cuarto mes de trabajo, el frenético progreso se vio ralentizado. No porque me hubiera estancado, sino porque mi exigencia era mucho mayor. Me enfrentaba a piezas dificilísimas que suponían un gran desafío y que me costaba doblegar…, pero fueron cayendo. Todas, excepto una: el *Capricho n.º 24*.

«Empieza otra vez», era la escueta indicación de Virginia cuando me quedaba encallada en alguna de sus variaciones. Y volvía a ejecutar de nuevo esa enrevesada composición, sin detenerme en el fracaso, intentándolo hasta la saciedad. Era capaz de visualizarla y, si la podía crear en el plano imaginario, estaba segura de que sería factible transmutarla al plano real.

Esa realidad llegó cinco semanas después: la última nota del que había constituido mi «capricho», quedó suspendida en el aire, vibrando en mis oídos con un eco perpetuo. Había logrado interpretarlo en su totalidad, de manera impecable, sin cometer ni un solo error.

Virginia reaccionó aplaudiendo eufórica; yo me quedé petrificada, todavía sin creerlo. No solo cuesta asimilar las derrotas, hay victorias que también requieren de un tiempo para darte cuenta de que no está sucediendo solo en tu cabeza…, el universo es testigo.

—Ahora sí ha vuelto Alice White —pronunció Virginia, satisfecha, propinándome un abrazo tan fuerte que parecía que iba a romper mis vértebras.

Mis ojos, vidriosos, paulatinamente fueron recuperando definición y, cuando al fin llegó la claridad, experimenté una inmensa fascinación al advertir, a escasos metros, una majestuosa mole de piedra: estaba en la ladera de la montaña.

Al cabo de unos días, Virginia me sorprendió con una noticia impensada. El pánico, que había permanecido bajo control, reapareció, y mi expresión de asombro fue reveladora.

—¿Qué pasa? ¿No estás contenta? —preguntó Virginia, posiblemente esperando una cara distinta.

—Sí…, creo —formulé, imprecisa—. La verdad es que no sé si estoy preparada.

—Esa palabra es demasiado subjetiva, la inseguridad puede hacer que nunca lo estés —decretó—. Es el momento de saberlo.

Había encontrado la montaña; sin embargo, todavía tenía que subirla. Era consciente de que no debía caer en el perfeccionismo ilimitado del que me alertó Samin, que te hace sospechar que siempre falta algo. Aun así, lo cierto era que seguía sin reconocer la pureza en mi música. Había logrado ejecutar el *Capricho n.º 24*, aunque no era yo quien lo tocaba, sino Paganini.

—¿Dónde será? —indagué.

—Todavía no está confirmado, tengo que mover hilos —respondió Virginia.

—¿Y la fecha?

—Pronto.

—¿Cómo de pronto?

—En unas semanas, lo que tarde en concretarlo —informó—. Tu música está lista para ser compartida; la has disfrutado tú, que sea ahora el público quien lo haga.

Era cierto que la había disfrutado de una forma tan ferviente que parecía recién descubierta. ¿Convenía extenderla a otros oídos?

—A lo mejor no sale bien. ¿Y si siento pánico escénico? No quiero que me vuelva a suceder.

—Regresa aquí, Alicia, quien está hablando no eres tú, sino un miedo que ya no existe, porque se sitúa en el pasado. Tu presente se limita a un sueño, y este se encuentra detrás del miedo.

Tenía unas ganas tremendas de ver a Samin y entregarle esos temores para que estabilizara mi oscilante seguridad. Deseaba contarle en qué punto me encontraba, atender sus consejos, oír su sosegada voz pronunciando poderosas palabras capaces de exterminar las dudas.

Habían pasado cinco meses sin saber de él, como si durante mi simbólica travesía realmente me hubiera alejado. Continué frecuentando el parque con la esperanza de que estuviera allí, pero el banco permanecía vacío. A veces me sentaba en él y hablaba en voz alta contándole cómo iba el viaje. Parecía que me escuchaba, incluso que me respondía…, o supongo que era mi corteza prefrontal la que lo hacía.

«Tienes que ser como la ola», estalló de pronto dentro de

mí, al evocar aquel día, junto a Samin, en la playa secreta. Ese mensaje me dio la pista de lo que, probablemente, necesitaba.

Regresé a esa desierta cala, aunque no lo hice sola; vino conmigo el violín. Volví a maravillarme en ese rincón privado. Me acerqué hasta la terraza natural con vistas al mar y de nuevo me deleité presenciando el arco de piedra y el sublime espectáculo del agua golpeándolo. Durante unos minutos persistí absorta, admirando el estruendo provocado en cada impacto. Una vez más le concedí la razón a Samin, destacando la fortaleza de la ola.

Verifiqué que luchar es más efectivo que aguantar, pero también me di cuenta de que hay muchas formas de luchar y, en ocasiones, lo idóneo es confiar en el flujo. Las olas no solo golpeaban para avanzar, en cuanto abrían el camino fluían sin oponer resistencia, delegando la conducción a la marea, permitiendo que las guiara hasta un resquicio sobre el que deslizarse serenamente.

Quizá debiera empezar a fluir.

Arrojé la funda a la arena y, de un súbito impulso, estreché el violín, cerré los ojos… y fluí. Aparté la obsesión por la técnica; no necesitaba golpear, únicamente consentir que mis dedos discurrieran libres entre las cuerdas, que ellos mismos encontraran su espacio.

El rugido del mar hacía que me fundiera con él y sintiera su fuerza, dejándome arrastrar por ella, sin albergar ningún pensamiento, evadiéndome como si no hubiera instrumento y las notas brotaran desde mi interior.

La humedad en los pies me despertó de la ensoñación. Abrí los ojos y comprobé que la marea había subido y que estaba anocheciendo. No podía precisar cuánto había durado ese lapso en el que me había convertido en la única habitante del planeta, solo sabía que el flujo me había transportado al éxtasis.

Antes de marcharme, eché un último vistazo; en esta ocasión

no miré al frente, sino hacia abajo, verificando el extenso tramo que había ascendido, empezando a sentir la altura.

Durante dos semanas seguidas regresé todas las tardes a esa playa, fluyendo hasta que el agua remojaba mis pies y me devolvía la consciencia.

Al fin sentí que estaba preparada para liberar mi melodía.

—Ahora sí toco para mí —le comuniqué a Virginia con una amplia sonrisa—. Ahora sí soy Alice White.

Los ojos de Virginia brillaron de emoción.

—Pues ha llegado el momento de presentar a Alice White —expuso con la voz quebrada.

—¿Ya hay auditorio? —indagué.

—Sí.

Virginia demoró en desvelarlo, añadiendo suspense.

—El Palacio de la Ópera —confirmó.

Esa mención convulsionó mi estómago, resucitando una angustiosa agitación que se diseminó recorriendo mi cuerpo. Pasado el impacto inicial, se esfumó la angustia, aunque la agitación se prolongó, tomando la iniciativa el pecho para acometer otra sacudida muy distinta, cargada de entusiasmo.

Era el mismo escenario, pero la artista había cambiado.

MONTAÑA
DE LA
MÚSICA

Capítulo XXV

Atravesé las columnas que antecedían al acceso e ingresé en el recinto dos horas antes del concierto. Me acerqué al auditorio, que aún estaba vacío, y noté un escalofrío que electrizaba mi piel.

Virginia, valiéndose de sus contactos, había conseguido que pudiera participar en una gala benéfica junto a importantes músicos gallegos. Ejerciendo de representante, había convencido a los organizadores de que mi interpretación sería única, y aprobaron concederle la posibilidad de demostrarlo a una desconocida, asignándome un papel destacado. Aunque era un gran reto, no tenía miedo a dejar en mal lugar a mi profesora; por fin creía en mí.

Nada más entrar al camerino para cambiarme, ya me sentí artista. Me enfundé una elegante camisa blanca adornada con volantes, incorporando en la parte baja una novedad, que suponía la consecución de la primera meta de superación. Subí la preciosa falda violeta hasta la cintura y logré abrochar la cremallera sin dificultad. Me miré en el espejo, que había dejado de ser odioso, y me encantó lo que vi.

Cuando quedaban quince minutos para que diera comienzo la gala, volví a asomarme al auditorio desde la parte superior. No paraba de entrar gente y el aforo se iba llenando. Intimidaba más que su imagen solitaria, aunque no me puse nerviosa; recordé que tocaba para mí.

Miré por todos lados, buscando su característica barba blanca, pero no lo localicé.

Dijo que estaría esperándome, ¿me habría equivocado de montaña?

Descendí a la parte inferior con el mismo cometido. Me coloqué de puntillas para sobrevolar las cabezas y ampliar mi campo de visión. Casualmente, fue a Virginia a quien encontré.

—¿Dónde estabas? —preguntó agitada—. Va a comenzar —indicó, agarrando mi mano para guiarme hacia el interior.

La acompañé, abandonando la yerma búsqueda de Samin.

Nos sentamos en la cuarta fila, en unos asientos reservados. Mi turno llegaría en el segundo acto, por lo que todavía disponía de una hora de prórroga. Iba a interpretar cinco piezas, todas ellas como solista. Gozaba con la tranquilidad de dominarlas bien, a pesar de su complejidad; únicamente me preocupaba la última, pero no lo suficiente para amilanarme. Si los nervios no me traicionaban, la historia cambiaría…, y no estaba dispuesta a dejar escapar la oportunidad ganada de reescribirla.

Llegó el momento. Abandoné la butaca y me dirigí al escenario para esperar, entre bastidores, a que finalizara la actuación que me precedía. Mi nombre resonó en el auditorio y salí a escena. Con paso seguro, la cabeza erguida y la sonrisa impuesta, transmitiéndole el sentimiento de éxito a mi mente desde el primer instante, caminé hasta situarme lo más próxima al público que las tablas me permitían.

Me preparé con sosiego, verificando que el atril estaba bien sujeto. Busqué la partitura y pegué el violín a mi cuerpo, acomodándolo suavemente para comprobar su tacto antes de fijarlo al hombro. Dirigí la mirada a los asistentes y, de forma inevitable, retrocedí a la secuencia que estaba reemplazando. No solo la artista había cambiado, los espectadores también.

Volví a centrarme. Estaba lista. El arco se deslizó con tersura para comprobar la afinación. Y se encendió la música…, mi música.

Cerré los ojos y me transporté a la playa secreta, pude incluso escuchar el murmullo del mar. Flui con cada nota y también subí de altura, percibiendo que estaba cada vez a mayor altitud, aunque las nubes encapotaban el pico impidiendo divisarlo todavía.

Después de cada tema, despertaba del trance. No era el agua mojando mis pies el que se encargaba de hacerlo, sino el estallido de aplausos.

Con la fugacidad prodigiosa que acontece cuando estás disfrutando, terminé la interpretación de la tercera pieza. En ese instante ocurrió algo especial.

—Tenemos el gusto de presentar a una invitada de excepción —resaltó el presentador.

Me quedé extrañada, porque nadie me había avisado de una colaboración. Al darme la vuelta, comprobé de quién se trataba. Las lágrimas inundaron mis ojos.

—¡Amparo Luján al piano! —anunció a viva voz.

Apareció la figura de mi madre cogida del brazo de Alfonso. Corrí hacia ella para besarla y, asiéndola del otro brazo, la acompañamos hasta el taburete. No hacía falta que me dijera la canción que íbamos a interpretar.

El *Concierto número 5 en la mayor* de Mozart estremeció el auditorio y también mi corazón, que aceleró el ritmo, desbocándose por la emoción. La armonía que estaba experimentando me hacía presagiar que no podía faltar mucho para la cumbre.

Un repentino alboroto interrumpió la catarsis y de nuevo me hizo reaccionar, aunque, en esta ocasión, la protagonista era ella. Probablemente, Amparo no recordaba lo que había cenado, el día que era o en qué lugar se encontraba, pero fue capaz de poner a la audiencia en pie con una ejecución soberbia, demostrando que había logrado salvaguardar su música, ocultándola en un recóndito rincón del cerebro al que el alzhéimer no tenía acceso.

Llegué al punto culminante, solo faltaban metros. Las nubes se disiparon por completo y, al fin, desvelaron la sorpresa: avisté la cima. ¡Estaba tan cerca! Sin embargo, al igual que en todas las montañas, el último tramo es el más peligroso, porque la pendiente aumenta y el oxígeno disminuye.

Percibí esa falta de aire y advertí el temido «mal de altura», desencadenando los primeros síntomas con un incipiente temblor de piernas. Me quedé paralizada y temí que, estando justo delante, no pudiera llegar.

Se asentó un silencio en el auditorio, que para mí fue ensordecedor. Mis ojos ajustaron el enfoque, distinguiendo unas butacas llenas de gente examinándome. Por un instante desconecté y, cuando menos lo necesitaba, reapareció mi antiguo profesor en mi mente: «Te lo dije, tu música no tiene valor», espetó desanimándome. «Abandona y lárgate. Eres una fracasada», continuó machacando.

Di un paso atrás, y a punto estuve de perder el equilibrio y precipitarme al vacío. Cuando conseguí estabilizarme, miré hacia abajo, comprobando que la caída sería grande. También aprecié la distancia que había recorrido, la altura que había logrado, y tuve la certeza de que no iba a rendirme.

Giré la cabeza, atisbando el rostro de mi madre, que ya no era seco y arisco como aquella vez. Después centré la atención en Virginia. Con su sonrisa consiguió borrar automáticamente el rastro de su infame predecesor, quizá para siempre. Di las gracias porque fuera ella quien estaba ahí sentada. La miré con ternura y sentí cómo su dulce voz también se infiltraba en mi interior: «Puedes», «vales mucho», «eres capaz»…, «hazlo».

Y lo hice.

En el auditorio sonó el *Capricho n.º 24*, pero no fue a Paganini a quien escucharon, sino a mí, a Alice White.

Volví a quedarme sola en el planeta… y fluí. También persistí en la escalada, mirando únicamente hacia arriba, persiguiendo ese pico que cada vez estaba más próximo. De manera imprevista, dejé de tener prisa, ya no pretendía llegar cuanto antes; aflojé el ritmo para saborear la victoria. Continué fluyendo y subiendo, hallando un regalo en esos últimos pasos que, ahora, no ansiaba que acabaran. Quería disfrutarlos, sentirlos, vivirlos. Me convertí en la ola que rebasa a la roca deslizándose sobre ella sin oponer resistencia. Permití que la corriente me transportara hasta donde me quisiera llevar, sumergiéndome en el trayecto; en un sueño del que no quería despertar.

Pero el viaje concluyó… y desperté. Mejor dicho, el público me despertó con una ovación inmensa que se prolongó durante minutos. Abrí los ojos. Mis pies reposaban sobre la cima. Había llegado.

Caminé lentamente hasta la cresta de la montaña. Quedé exhausta con las vistas. Las había visualizado muchas veces, aunque la realidad superaba lo imaginado. Me recreé explorando cada uno de los ángulos, hipnotizada con su belleza. De repente distinguí esa barba blanca que no había logrado localizar antes. En el centro de la platea pude observar a Samin, aplaudiendo con vehemencia mi ascenso, tal y como había prometido.

Durante un largo intervalo nos miramos, comunicándonos a través de los ojos, hasta que sus labios se movieron lanzando un silente susurro: «Lo has conseguido».

MÚSICA

Capítulo XXVI

6 meses después...

Después de conquistar la montaña de la música, me di cuenta de que era mi sitio; no solo resultaba primordial llegar, también lo era quedarse. Sin embargo, me percaté de algo de lo que Samin no me había informado. Comprobé que no se trataba de una montaña aislada. Pasado un tiempo, descubrí un nuevo pico que era visible desde mi posición.

Eso me hizo dilucidar que me encontraba en una cadena montañosa, con la posibilidad de explorar otras cumbres si lo deseaba. Seguramente, detrás de cada pico se podría ver otro más alto que el anterior, instituyendo un aliciente. Aun así, mi objetivo no era escalar de forma ilimitada con una inercia irrefrenable que me empujara a la fijación de aumentar la altura, sin saber por qué lo hacía, sin disfrutar del trayecto, sin degustar el ascenso, sin pararme a examinar el paisaje.

Había comprendido que superarse no consiste en subir y subir, ya que puedes caer en el error de no saber lo que estás buscando o de perseguir otras músicas diferentes a la tuya. Cuando la perspectiva deja de ser agradable o el oxígeno es insuficiente, es el momento de cambiar de ubicación, aunque ello implique disminuir la altitud, estableciéndote a la altura ideal que permita admirar unas vistas maravillosas y, al mismo tiempo, respirar aire puro.

La cima que divisaba frente a mí parecía interesante, y tenía la premonición de que sería un paraje bellísimo. Estaba a mi alcance y existía la posibilidad de avanzar hacia ella, podría ser una nueva oportunidad ganada…, pero era pronto para saberlo. Cuando te gusta el lugar donde te encuentras, cuesta elegir, porque emprender otra ascensión suponía abandonar una localidad que había dejado de ser inhóspita y horrible, percibiendo ahora belleza, paz y armonía; al igual que mi madre pasó de bruja a princesa después de penetrar el amor, un sentimiento que me apartó del color negro, modulando la gama hacia tonos claros, consiguiendo abrirme a cosas y personas que fueron invisibles cuando me cegaban las *cookies* de la envidia, la ira y el rencor.

«El escenario es el mismo, solo ha cambiado la artista», rememoré.

Ese constituía mi dilema, continuar en un escenario que me cautivaba, o comenzar una nueva aventura en otro, accediendo al incentivo de volver a soñar.

Pensé en Samin y deseé tenerlo cerca para resolver mi inquietud, pero no lo había vuelto a ver desde el concierto. Miré el reloj: las ocho de la tarde. Fui a mi habitación y me coloqué las mallas deportivas. El objetivo de la media maratón, que comenzó como una meta oculta en la lejanía, estaba manifestándose progresivamente y ya era capaz de recorrer dieciocho kilómetros seguidos.

Entrenar no fue mi única motivación para ir al parque, tenía la esperanza de volver a encontrarme con Samin, consciente de su especial habilidad para aflorar en el instante preciso, cuando más lo necesitaba, como si, igual que la música, se escondiera en un rinconcito del cerebro, aguardando mi llamada para comparecer.

Empecé a trotar, afrontando cada vuelta con el anhelo de vislumbrar su imagen en ese punto que nos había conectado tantas veces. Cuando completé el tiempo previsto me detuve en el banco, que había dejado de ser nuestro, usándolo como apoyo para realizar estiramientos. Samin no estaba reposando allí, aunque sí algo que me llamó la atención. Observé un objeto sobre el apoyabrazos. Estiré la mano para alcanzarlo y comprobé que se trataba de una moneda. Era fácil intuir quién la había dejado ahí.

«La vida es cara o cruz pero, si tengo que elegir yo, prefiero escoger cara», evoqué sus palabras.

La lancé, propulsándola con el pulgar y... salió cara.

—Gracias, Samin —pronuncié en voz alta, contenta porque había obtenido la respuesta que demandaba. Ya conocía el rumbo.

A la mañana siguiente estaba repleta de vitalidad. Decidir me había hecho liberarme de la incertidumbre y confiar. Empecé a preparar el equipaje para iniciar un nuevo itinerario que comenzaría en menos de una semana.

Quedaba pasar por el trago más amargo de la partida: la despedida.

—¿Al final te vas? —preguntó Alfonso.

Moví la cabeza, asintiendo. Me costaba pronunciarlo.

—Bueno, A Coruña no está tan lejos, y por Amparo no te preocupes, porque estará genial —argumentó Alfonso.

—Lo sé. Vendrá conmigo.

Esa revelación tuvo un impacto demoledor en su rostro.

—Entonces ¿no volverás más? —articuló, palideciendo.

En esa pregunta había dejado patente su preocupación por la posibilidad de no verme, y eso me alegró, porque podía significar lo que yo deseaba que significara.

—Claro que volveré, este es mi pueblo —afirmé con orgullo, reconociendo un origen que antaño quise enterrar—. Y en esta residencia todavía hace falta una animadora... Además... —titubeé, valorando exponerme o reprimirme—, no quiero dejar de verte —concluí, decantándome por la opción valiente.

Como si hubiera introducido la contraseña correcta, a través de esa frase, la sobriedad de Alfonso se disipó, mutándose en la sonrisa que tanto me gustaba. Lo miré fijamente y sentí el impulso de besarlo. Alfonso aguantó la mirada y se impuso un paréntesis. Tal vez ambos esperábamos que fuera el otro quien se inclinara hacia delante para acortar la distancia. Finalmente, los labios no se juntaron; les faltó arrojo, o puede que no quisieran precipitarse.

—¿Qué día te marchas? —preguntó, interrumpiendo la tácita tregua.

—El sábado —respondí—. Vendré a recoger a mi madre por la mañana.

Aplazamos la despedida… y quizá el beso que se esfumó.

Regresé a casa y me senté en el sillón, cerré los ojos y visualicé la nueva montaña que me disponía a explorar. En esta ocasión resultaba sencillo. Me proyecté mentalmente otra vez actuando, interpretando la música que había rescatado y que ahora planeaba libre, escuchando los aplausos, el calor del público, la emoción de pisar a diario esas tablas. Abrí los ojos; estaban húmedos, porque las tablas que imaginaba correspondían a las del Palacio de la Ópera, que muy pronto dejaría de ser un espejismo y se convertiría en mi lugar de escena habitual.

Animada por Virginia, me había presentado a la prueba de selección, consiguiendo una plaza como violinista en la Orquesta Sinfónica de Galicia. Esto implicaba trasladarme a otra ciudad y comenzar una nueva etapa. Una andanza que primero me entusiasmó, más tarde me asustó y, conforme se acercaba la hora, más anhelaba su inicio.

Ese sábado a las once de la mañana me presenté en la residencia. También era una despedida para Amparo, que afrontaba una inédita travesía a mi lado. Volveríamos a estar unidas, compartiendo un hogar lleno de amor y música, dos baluartes que no supimos defender en el pasado. Pero ese capítulo no había terminado.

Estaba equivocada; pensaba que las historias perduran inalterables. He aprendido que no solo se pueden transformar, también es posible inventar otro final, y nunca es tarde para hacerlo feliz.

—Ahora sí —anuncié, mirando a Alfonso con ternura…, con deseo.

No dijo nada, aunque su cara lo decía todo. Me acompañó hasta el coche y me ayudó a abrocharle el cinturón a mi madre.

—Espero que tu nueva vida comience bien —soltó Alfonso, cerrando la puerta de Amparo…, y sentí que también la mía.

—Sí, seguro que sí.

—Claro que sí.

—Sí.

Y en una sucesión de anodinas afirmaciones encubríamos lo que realmente queríamos decir.

—Bueno, pues nada, ya nos veremos —dijo Alfonso, cortando una conversación a la que le faltaban palabras, o más bien le sobraban.

—Tardaré un tiempo en volver, hasta que me instale y pueda organizarme —insinué, reforzando un ambiente que se enfriaba por momentos.

—Normal, al principio se te juntarán muchas cosas.

—Por eso.

Y se engendró el silencio que emana de haber agotado el mensaje vacío y no atreverte a librar el verdadero.

Alfonso se retiró unos metros del coche, entrando yo dentro. Arranqué el motor y comencé a maniobrar para abandonar el aparcamiento. Cuando estaba encarada hacia la salida, miré por el retrovisor. Ahí estaba plantado, moviendo su mano en señal de adiós.

No merecíamos ese adiós.

Eché el freno de mano. De manera impulsiva, movida por un ímpetu irracional engalanado de gallardía, avancé presta hacia él para hacer lo que deseaba y, sin conceder un segundo a la reflexión, lo abracé. Él llevó sus manos a mi espalda, aferrándome con fuerza para estrechar nuestros cuerpos.

—A Coruña no está tan lejos —le recordé sus palabras, susurrándole al oído—. Si te apetece, me encantaría que me hicieras una visita.

—Me apetece —confirmó al instante.

Sin esperar el movimiento inicial del otro, nos besamos con una conexión espontánea, que emerge cuando el discurso cede paso al sentimiento.

Regresé al volante. Estaba lista para emprender el viaje con los deberes hechos, porque los besos, al igual que las oportunidades, no conviene dejarlos escapar.

—¿Adónde vamos? —preguntó mi madre, tras veinte minutos de conducción.

—A subir a una cima —le contesté.

No objetó nada, no continuó investigando; debió parecerle bien.

—¿Ya hemos llegado? Fue la siguiente pregunta que hizo, al percatarse de que se apagaba el motor.

—Todavía no —indiqué—. Pero esta es una parada obligatoria.

—¿Por qué?

—Porque los lugares que fueron especiales siempre serán una parada —alegué, interpretando en su mutismo que de nuevo le había convencido mi respuesta.

Escoltadas por el orejudo Dominó, que primero aceptó venirse a vivir conmigo y, posteriormente, participar en la expedición, descendimos los escalones hasta la arena, recibiéndonos el imponente arco que daba la bienvenida a los visitantes.

—¿Sabes dónde estamos? —pregunté.

Amparo permaneció abstraída en la ventana de piedra, como le sucedía con la que absorbía su atención en la residencia.

—¿Recuerdas este sitio? —insistí.

—Es muy grande —contestó a la pregunta que ella tenía en su cabeza.

—Es la playa de las Catedrales —desvelé.

—Aquí he estado yo.

—Sí, veníamos muchas veces —ratifiqué, contenta porque ese recuerdo continuara indeleble.

Paseamos por la orilla, admirando las asombrosas formaciones, que parecían talladas por los más diestros escultores. Después atravesamos las grutas y pasadizos donde, según mi padre, los marineros estaban atrapados. Aunque ya no creía en sus cuentos, y daba la impresión de que mi madre tampoco; últimamente no me preguntaba por él.

Solo me interesaba nuestra historia, la de Amparo y Alicia, inspirada en miles de historias reales de personas que apagaron su música, reencontrándose con ella años más tarde para hacerla vibrar de nuevo.

Esa música algunos jamás se han detenido a escucharla, otros la tienen tan olvidada que ni siquiera saben que existe, la mayoría dejó de creer en ella, silenciándola para atender otra diferente, y muchos expirarán sin oírla.

También concurre un gran porcentaje que no la ha descubierto porque no sabe interpretarla. Desconoce que la música simplemente es aquello que te hace disfrutar, te divierte, te entusiasma, te genera bienestar, te aporta significado, hace que el tiempo vuele. Por un lado, se compone de aptitud, es algo que dominas, y por otro lado, de pasión. Puede proporcionar dinero, satisfacción o ambas cosas; no obstante, es necesario tener en cuenta que si únicamente provee dinero, no se llama música, sino trabajo.

El trabajo se puede convertir en música o la música en trabajo. Sin embargo, no tienen que estar necesariamente unidos. Quizá este sea el motivo por el que mucha gente elige apagarla, porque no comprende que su recompensa no se encuentra en el dinero; se remunera con felicidad, y ese salario nunca debería faltar. La satisfacción de hacer lo que amas representa las notas musicales de tu partitura particular, el sonido que otorga el auténtico éxito: el que no se ubica fuera, sino dentro; el que no se obtiene, se siente.

La montaña puede estimarse lejana, aunque seguramente está más cerca de lo que aparenta, pero no es fácil encontrar la puerta de entrada, como sucedía en la playa secreta. Hallar esa puerta implica desafiar lo convencional, apartarse del ruido, soñar, tener fe y visualizar una escena que todavía los ojos no captan, perseverando con paciencia y decisión. Solo aquellos que son capaces de soportar el vértigo y asumen el riesgo de la caída, podrán moverse por las alturas, escuchando esa melodía única que resuena en nuestro interior incluso cuando se olvida todo lo demás, como en el caso de Amparo.

De todos modos, la búsqueda de esa montaña no debe convertirse en una obsesión, aparecerá cuando los ojos estén preparados para verla. No hay prisa, hay que vivir el viaje; si no disfrutas el recorrido, no cabe duda de que te has equivocado de camino.

Aventurarse por el valle de la redención ya es un premio que empuja a continuar, a seguir explorándolo, porque cada rincón es un tesoro que únicamente se valora al destaparlo. Solo con permanecer en este valle la existencia cobra sentido, por eso hay que transitarlo con sosiego, colina a colina. No hay atajos: sin compromiso no se halla paz mental, sin paz mental el amor se oculta, sin amor no eres libre, sin libertad no es posible introducir contenido, sin contenido la ilusión se desvanece, sin ilusión no queda un resquicio para soñar y sin sueños la música no puede sonar.

Extraje del bolsillo el juguete favorito de Dominó, mordisqueando la pelota de tenis directamente desde mi mano, que había pasado de temerla a buscarla, al igual que me había ocurrido a mí con el violín.

Al sacar la pelota cayó sobre la arena la moneda de Samin.

Cuando me agaché a recogerla, constaté que otra vez apuntaba cara.

Demasiada casualidad, pensé.

Le di la vuelta.

—Por eso siempre ganabas —murmuré, partiéndome de risa yo sola al cerciorarme de que «cara» era la única opción posible.

Tuve la sensación de oír la voz de Samin, esclareciéndolo: «Cuando lanzas una moneda al aire, en realidad, sabes lo que quieres que salga, ¿para qué jugársela?».

Terminamos el agradable recorrido sentadas en la arena, observando al artífice del arte que nos circundaba. El mar desató su hechizo sobre nosotras y, durante un intervalo intangible, nos dedicamos a admirar su obra con la compañía de un novedoso silencio que había dejado de ser incómodo y perturbador, convirtiéndose en una nota necesaria que, como en cualquier composición, debe ocupar su hueco en el pentagrama.

—Mamá, ¿quién crees que es más fuerte?, ¿la roca o la ola? —lancé quebrando el mutismo.

—Nosotras —sentenció, apretando mi hombro.

Una réplica imprecisa, puede que ilógica…, pero me encantó.

Súbitamente, una lágrima, que pareció interpretar la respuesta, se precipitó contra la arena, demostrando que la emoción es más aguda que la razón.

—Estoy de acuerdo, mamá —musité—. Nosotras somos la ola.

Ella sonrió, aunque no supiera de qué hablaba.

Yo lloré, aunque no supiera por qué lo hacía.

Qué más da.

«No hace falta entenderlo, lo importante es que funcione».

GRACIAS por tu confianza.
Espero que disfrutes de tu banda sonora original.

Si deseas contactar conmigo, será un verdadero placer
escucharte y estaré encantado de atenderte:

 miguelangelmontero.com

 contacto@miguelangelmontero.com

 @miguel.angel.montero

 miguelangelmonteroescritor

SI TODAVÍA NO LO HAS LEÍDO...

No te pierdas el *best seller* que ha tocado el corazón
y la mente de lectores de todo el mundo, convirtiéndose
en un símbolo de amor, motivación y superación.
Un nuevo viaje hacia el interior en el que descubrirás
que existir no es lo mismo que VIVIR.